100
REBANADAS DE
SABIDURÍA
EMPRESARIAL

SILVIA CHEREM S.

100
REBANADAS DE
SABIDURÍA
EMPRESARIAL

Planeta

Diseño de portada: Estudio la fe ciega / Yolanda Garibay
Fotografía de autora: Nadine Markova

© 2016, Editorial Planeta Mexicana, S.A. de C.V.
Bajo el sello editorial PLANETA M.R.
Avenida Presidente Masarik núm. 111, Piso 2
Colonia Polanco V Sección
Deleg. Miguel Hidalgo
C.P. 11560, México, D.F.
www.planetadelibros.com.mx

Primera edición: enero de 2016
ISBN: 978-607-07-3230-0

3 1350 00349 4889

Impreso en los talleres de Litográfica Ingramex, S.A. de C.V.
Centeno núm. 162-1, colonia Granjas Esmeralda, México, D.F.
Impreso y hecho en México – *Printed and made in Mexico*

A los míos,
con la ilusión de que
puedan deletrear con nueva luz
su camino...

Especialmente a Silvita,
Moy, Nicki, Gis,
Moisés y Sylvia,
con amor profundo
y esperanza viva.

Introducción

La mística de Bimbo ha sido objeto de estudio en las más prestigiadas escuelas de negocios del mundo. Aunque resulta cierto que ninguna obra exitosa es hija del tesón de un sólo hombre, sino del trabajo de una multiplicidad de voces, de un equipo volcado a laborar largas jornadas con empeño y visión, en lo sustancial Bimbo lleva implícito el sello de liderazgo de Lorenzo Servitje Sendra.

Desde que Bimbo abrió sus puertas en la Ciudad de México el 2 de diciembre de 1945 con cuatro accionistas, cinco productos, treinta y ocho trabajadores y empleados y diez vehículos en la planta de Santa María Insurgentes; sus colaboradores se han distinguido por portar orgullosos la camiseta de la empresa. Presumen: "Yo soy Bimbo". Y esta voz, que implica visión de crecimiento, honradez y entrega al trabajo, sigue engrandeciendo a esta empresa mexicana que, más de setenta años después de haber sido creada, se ha convertido en líder mundial en la industria de la panificación.

Con presencia en 22 países y ventas netas anuales cercanas a los 14 000 millones de dólares, hoy Grupo Bimbo cuenta con 171 plantas distribuidas en América, Asia y Europa y produce más de 10 000 productos bajo un centenar de prestigiadas marcas —entre otras: Bimbo, Marinela, Oroweat, Sara Lee, New York Bakery, Barcel, Entenmann's, Tía Rosa, Mrs. Baird's, Ricolino, Pullman, Dulces Vero, Fargo, Nutella, Arnold, Thomas, Brownberry— que se distribuyen en 53 000 rutas alcanzando 2 300 000 puntos de venta.

Aunque don Lorenzo, como se le conoce, se niega a portar la medalla: "No he sido un lobo solitario, si algo he alcanzado es por la gente trabajadora que he tenido a mi alrededor", es a él a quien todos reconocen como líder visionario.

Aseguran que su capacidad analítica para sopesar los posibles escenarios, su ejemplo de perfección, disciplina y constancia, su mirada exigente y severa —que rayaba en firme intransigencia—, su capacidad de organización y su formación social cristiana fueron lo que, casi de manera intuitiva, encauzaron desde el inicio la visión de la empresa: ser altamente productiva y plenamente humana.

Lorenzo Servitje (Ciudad de México, 1918) planeó cada detalle, maximizó los recursos y dio fundamento a la ideología, contagiando a los colaboradores para alcanzar el crecimiento personal y el de la empresa. Creó manuales y cursos, innovó en *marketing* y comunicación interna e impulsó campañas publicitarias cuando a ningún panadero se le hubiera ocurrido invertir en imagen.

Guiado por una convicción febril creó la simiente de una empresa netamente mexicana que no sólo daría nombre al pan de caja, sino que se convertiría en la multinacional productora de pan más importante del mundo.

El plan que tras un serio y riguroso estudio de mercado él mismo mecanografió en 1944 apuntando lo que sería Bimbo es tan insólito, que a los expertos del Business School de Harvard o de Stanford les parece increíble, casi inconcebible, que un jovencito en su tercera década de vida, sin experiencia ni carrera universitaria, fuera capaz de establecer con tal claridad y detalle las bases del crecimiento de la panificadora y garantizar, además, la productividad a largo plazo.

La mira fue clara: fabricar productos de calidad, posicionar las marcas y crear una envidiable red de distribución que alcanzara los lugares más remotos del país. Ahí donde las autoridades decían que no podían llegar para dar educación a los mexicanos, Bimbo llegaba con puntualidad inglesa.

Ahí donde no había relojes o futuro, era posible saber la hora del día por la exactitud con que diariamente llegaba el impoluto camión a dejar o recoger mercancía de miscelánea en miscelánea, removiendo a su paso polvo y nubes de abandono entre brechas y barrancos.

Tan sólo dos años después de haber inaugurado la primera planta, don Lorenzo y sus socios ya habían reunido suficiente capital para pagar la deuda inicial y para duplicar las dimensiones del negocio con la construcción de 3 000 metros cuadrados más.

De manera casi exponencial, Bimbo se posicionó en el mercado y tuvo ampliaciones en 1947 y 1952. Guadalajara inició operaciones el 9 de diciembre de 1956 y Monterrey, el 6 de marzo de 1960. Al darse cuenta de que había un vacío en el mercado de pastelitos individuales, crearon Marinela en 1957, sin imaginar la penetración que tendría. ¡En 1975, llegaron a vender un millón de gansitos diarios!

Don Lorenzo imponía trabajar con responsabilidad excesiva, sin tregua ni descanso, bajo una incesante política de austeridad y de reinversión continua. Era severo y riguroso con todos, empezando consigo mismo. Jaime Jorba, su primo y cuñado, y Roberto Servitje, su hermano menor, a quienes entrevisté para escribir *Al grano. Vida y visión de los fundadores de Bimbo* reconocen que admiraban su liderazgo, pero también resentían su asfixiante látigo de exigencias.

Burlón, Jorba decía que padecía "lorencitis aguda" y lo apodaba Manuelito, "¡porque para todo quería elaborar un manual!". Me lo dijo claro: "Era tan brillante como líder y visionario, era tan mandón, que si hubiera sido sacerdote, como de joven algún día se lo propuso, hubiera llegado a cardenal".

Servitje siempre se negó a instituir en el organigrama empresarial el cargo de presidente honorario o vitalicio, arguyendo que nunca aceptaría tener tumbas ni lápidas en vida, pero ello ha resultado retórico porque en la empresa se respira su sello y liderazgo. Acercándose al siglo de vida, don Lorenzo sigue siendo un inconforme, un hombre crítico en esencia. Aún se mantiene creativo y vital, conformando equipos y analizando cómo mejorar.

No hace mucho se trepó a los camiones de Barcel para estudiar las rutas y sentó las bases para lanzar nuevos productos con la consigna, largamente acariciada, de posicionar esta marca en el mercado.

Líder moral del empresariado mexicano, a sus noventa y seis años sigue yendo a diario a la oficina y, sin dejar un solo pendiente, sigue capoteando sus ocupaciones entre asuntos familiares —los Servitje Montull suman más de cien miembros—, temas de la empresa y, ante la falta de tiempo, porque es consciente de que su reloj puede detenerse en cualquier momento, busca agilizar soluciones para su adorado México, cuyos problemas medulares (inseguridad, desarrollo económico, educación y polarización social) siguen siendo foco prioritario en su agenda personal.

Sirvan estas rebanadas de sabiduría como un compendio de las máximas con las que este hombre ha guiado su vida. Son consejos que yo he ido rescatando durante dos décadas de amistad a partir de una primera cita fallida en 1995 para escribir su biografía y que, tras largos encuentros y un sólido vínculo de confianza, finalmente condujo a la feliz publicación en 2005 de *Al Grano. Vida y visión de los fundadores de Bimbo*.

De entonces a la fecha, en periódicas comidas en nuestra casa, don Lorenzo sigue impartiéndoles a mis hijos cátedra de cómo ser exitosos, decentes, responsables y soñadores. Me resulta de elemental justicia compartir con otros lo que de este hombre hemos aprendido.

100 rebanadas de sabiduría empresarial cierne su filosofía, ventila estos consejos que pueden servir de fuente de inspiración para futuras generaciones. Está dirigido a hombres y mujeres que pretenden ser exitosos en aquello que se proponen. Es para jóvenes emprendedores que deseen dejar a su paso un sello que transforme, embellezca y mejore el mundo al que arriban.

Es éste un legado que muestra que los sueños, si se asumen con voluntad, inteligencia y tesón, se pueden alcanzar.

SILVIA CHEREM S.
México, 2015

1

Ser descendiente de sirvientes y campesinos no es freno ni impedimento. Puede alcanzar metas quien sabe soñar y trabajar con disciplina, quien no se desanima.

Juan Servitje, mi padre, era hijo de campesinos. Apenas sabía leer, escribir, hacer cuentas. Pasó la infancia cultivando trigo, vid y olivos en una masía, una casa en la montaña en la provincia de Barcelona, donde mis abuelos Magín y Rosa eran los sirvientes. Como el trabajo del campo le disgustaba y sentía que su padre lo trataba con rudeza, mi papá a sus nueve años, con sólo tres pesetas en su bolso, se trepó "de mosca" en un tren y así llegó a Barcelona donde comenzó lavando platos en un restaurante y después despachando vinos en el mostrador de una taberna.

Ahorró dinero y en 1903, para evitar cumplir con el servicio militar obligatorio, se embarcó en tercera clase soñando con "hacer la América" y llegó al puerto de Veracruz.

Su intención era ir a Guadalajara para trabajar en una cantina pero, de paso por la Ciudad de México, los tíos Pepe y Celedonio Torrallardona, primos de su mamá, lo contrataron para trabajar en su pastelería La Flor de México. Le ofrecieron "casa, comida y cigarros", la cama era compartida con el resto de los empleados: el piso de la pastelería, y el sueldo: apenas cien pesos mensuales.

La relación con los tíos no fue tersa y en 1909 don Juan Servitje se marchó a Buenos Aires, donde trabajó en la confitería El Molino. Cuando regresó a la capital mexicana, tres años después, los tíos lo recontrataron con nuevas condiciones, a fin de capitalizar lo aprendido en esa moderna pastelería con influencia europea. Pero, sin miras de crecimiento y enfrentando continuos roces con los tíos, mi padre, recién casado con mi madre, buscó la manera de independizarse.

Su vida fue de ascensos y de vertiginosos descensos en términos económicos, pero era luchón y trabajador, no se desanimaba. Invirtió su capital en un negocio de guantes y lo perdió todo porque el barco que traía la mercancía de Europa fue bombardeado en la vorágine de la Primera Guerra Mundial. Luego, logró vender una partida de madera y con ese capital compró una máquina para hacer bolillos, recién patentada, que vendió por 30 000 pesos oro a la Unión de Panaderos, un gran negocio para mi padre, aunque no para los panaderos, porque los obreros se negaron a usarla y terminó abandonada como una pila de fierros oxidados.

Abrió después una fallida oficina de representaciones de productos extranjeros que lo dejó nuevamente sin un quinto. Finalmente, tras años de tropiezos, con enorme sacrificio y con los ahorros de mi madre —una mujer de carácter admirable, enérgica y emprendedora—, en 1928 se asoció para crear la pastelería El Molino, en el centro de la ciudad de México, un negocio bien fincado que comenzaba a consolidarse cuando él falleció repentinamente en 1936.

Perder a mi padre me dejó con una enorme responsabilidad, era yo el hijo mayor, teníamos que salir adelante.

Con el ferviente deseo de destacar, de ser alguien, los inmigrantes —y los hijos de inmigrantes— tenemos el mismo sello: austeridad, ahorro y espíritu de lucha.

Los hijos de inmigrantes estamos marcados por un sello de trabajo, de vida austera y ahorro. Nos distinguimos por poseer un espíritu de lucha y un mayor dominio de nosotros mismos.

Nada nos es dado de antemano y desde nuestro nacimiento, inconformes, anhelamos destacar. Nos determina también el fantasma de la ambivalencia, la sensación de extrañeza ante la identidad de los padres y la del país receptor.

En mi caso, desde niño recuerdo haber titubeado: no sabía si yo era español o mexicano, dos identidades que me determinaban y me daban especificidad. Nací en México, pero hablé antes el catalán que el español. Cuando era yo muy pequeño, mi madre regresó a España con nosotros, sus hijos, y sólo al volver, cuando tenía yo cinco años, comencé a descubrir lo mexicano con el hijo de la portera y las sirvientas. Ya llegaría el momento de apreciar la dimensión de mis raíces; el momento de decir, en plano de burla, que soy de materiales importados, pero bien armado en México.

Un emprendedor
es alguien que lee.
Leer abre la mente a
otras ideas, a nuevos mundos.

A mí, desde los siete años ya me gustaba leer. Mis padres me llevaban a El Libro de Oro, una librería ubicada en San Juan de Letrán, a cuadra y media de nuestra casa y, de vez en vez, me compraban algún libro. Con el afán de seguir leyendo, muy pronto descubrí las librerías de viejo, a donde iba a vender alguno de mis ejemplares para comprarme otro más barato. Debido a la utilidad que ganaban esos locales, mis libros necesariamente iban bajando de calidad, pero así pude leer *El libro de las tierras vírgenes* de Rudyard Kipling y *Robinson Crusoe* de Daniel Defoe.

Tiempo después, los de Julio Verne, Emilio Salgari y la Colección Araluce de clásicos en versiones para niños, lecturas que me entretuvieron, fincaron en mí el hábito de la lectura y me fueron formando. En la juventud leí a fondo a los clásicos españoles y algunas otras obras a las que se sumó *Ortodoxia*, de G. K. Chesterton. Esta última fue medular: creía yo en la ortodoxia cristiana como posibilidad de libertad, innovación y adelanto.

A lo largo de mi vida he mantenido el hábito de la lectura con novelas, ensayos y biografías y, desde hace décadas, no paso un día sin leer los periódicos nacionales y las revistas *Time* y *The Economist* para estar plenamente informado y poder tomar buenas decisiones. En mi casa ya sólo quedan mis libros más queridos muy bien catalogados: religión, educación, política, ciencia, literatura, historia, biografía y arte; la mayoría los he ido regalando a diferentes bibliotecas donde otros puedan obtener beneficio de ellos.

Valen más los principios que el nivel de educación formal porque una buena persona que sea capaz, puede aprender. Una mala persona, aunque aprenda, no tiene remedio. Eso hay que tenerlo en mente cuando uno busca socios o colaboradores.

Los valores vienen de casa. Mis padres cursaron, si acaso, dos o tres años de primaria, pero tenían muy claro el sentido de educarnos con buenos principios: decir la verdad, no hablar con groserías, ser honesto y trabajar con tesón.

A mí y a mis hermanos nos inscribieron en buenas escuelas con el fin de ofrecernos estudios de calidad y mejores oportunidades de las que ellos tuvieron. Mi mamá, casi cada año, me cambiaba de colegio: de la "escuela de sillitas", así llamada porque uno llevaba una sillita de su casa —no teníamos tinta ni lápices, como cuaderno usábamos una pizarra que a veces limpiábamos con saliva—, pasé a una escuela oficial, luego al Gordon College para aprender inglés, y en quinto de primaria, aunque era un niño bien portadito de esos que le tenían miedo al coco, me inscribió en el Instituto España, de Tacubaya, un internado religioso, según decía ella: "para disciplinarme".

En los cinco años de interno en el Instituto España, de 1929 a 1934, desde quinto de primaria hasta cuarto año del bachillerato comercial, formé mi carácter y mi vocación. Era una educación rigurosa que infundió en mí un estricto sentido del deber y de la disciplina. Mis maestros, sacerdotes de la orden de los paúles, a quienes admiraba fervientemente, fueron mi ejemplo de trabajo, entrega y dedicación, a grado tal que quise ser como ellos: orientar mi vida a la justicia social y la ayuda a los pobres.

Hay que estar cerca de los hijos adolescentes porque en esa época vulnerable se toman las decisiones más importantes de vida, son los momentos trascendentales que definen un futuro. Yo estuve a punto de ser sacerdote y mi vida, sin duda, hubiera sido otra.

Por la influencia del internado, desde los doce años viví atrapado en una dualidad. Por un lado tenía claro que debía apresurar mis estudios para comenzar a trabajar con mi papá en El Molino —en el internado elegí el bachillerato comercial (comercio y contabilidad) en lugar de secundaria y preparatoria porque jamás pasó por mi mente estudiar una carrera universitaria— y, por el otro, por la influencia de mis profesores me sentía comprometido con Dios en una especie de conversión, en una activa militancia producto de la persecución religiosa y, como ellos, quería ser sacerdote, misionero.

A mis padres no les confesé la procesión que llevaba por dentro. Aunque la ideología del internado no empataba con la visión de mi casa, fue formando mi visión del mundo en esa época tan determinante que es la adolescencia. Los domingos y la época vacacional, que era cuando veía a mis padres, los pasaba en la caja de El Molino cobrando y vendiendo pero, al retornar los lunes a la escuela, soñaba con llegar a ser como mis maestros. Ellos, gracias a que era responsable y buen alumno, me asignaban tareas y responsabilidades como atender la tienda, tocar la campana y dirigir la revista escolar.

Cuando a principios de 1936 me decidí a hablar con mi padre y le confesé mi deseo de ser sacerdote, se sorprendió con tristeza. Para él y para mi madre mi futuro estaba en El Molino. Yo sufría de indecisión, me angustiaban mis propias dudas, me sentía francamente desorientado. No me contentaban ni el trabajo en la pastelería, ni los estudios de contabilidad en el internado. Las crisis de fe me atormentaban y descuidaba los estudios. Sin que mis padres lo supieran, participaba en ejercicios espirituales en la Iglesia de la Concepción con mis maestros sacerdotes. Ello me incitó a creer que la vida religiosa era mi vocación: ser misionero, educar, llevar consuelo a personas con carencias en poblados distantes.

Es un mito creer que el ser humano aspira de manera natural a la igualdad. Lo que cualquiera quiere, busca y espera es tener maestros de quienes aprender, gente admirable de carne y hueso que muestre el camino y sirva de fuente de inspiración.

Yo admiré a los sacerdotes del internado y quise ser como ellos, pero, si lo pienso, el personaje de mi vida fue Federico Ozanam (1813-1853), precursor del catolicismo social, un hombre moderno que siempre creyó que hay una alianza luminosa entre la fe y la libertad de espíritu. Profesor titular de Literatura en La Sorbona y elocuente erudito, entendió la alianza natural entre la fe y la ciencia como base para la investigación intelectual cristiana. Hablaba cuatro idiomas, leía la Biblia en hebreo y aludía a Confucio, Lao Tse y al pensamiento de Buda. ¡Llegó inclusive a ser candidato a diputado en la Asamblea Nacional de Francia!

Su apasionante vida fue mi modelo: universitario y hombre de fe, intelectual, maestro y escritor que asumió una vida pragmática. Un individuo de franca vanguardia y abiertamente cristiano que se volcó a educar y a combatir la pobreza, un hombre de acción que buscó el bien común.

Se comprometió con la democracia y la libertad en aquella época, tras la Revolución Industrial, en la que el trono y el altar eran cómplices del poder. Nació en Milán en 1813 y creció en Francia, le consternaba la miseria parisina a la que se refería Víctor Hugo en *Los miserables*: "esa capital del egoísmo, ese torbellino de pasiones y errores humanos".

Cuando a los veinticuatro años concluyó su doctorado en Derecho en La Sorbona, organizó a un grupo de estudiantes para discutir quincenalmente temas filosóficos e históricos, convencido de que resultaba inminente una verdadera renovación del catolicismo. Él sabía, como San Juan de la Cruz, que no hay fe sin duda. Su ardiente fe religiosa basada en el amor por la verdad, la pasión por la libertad y la redención de los pobres, no era la del carbonero, sino una fe en real confrontación con la historia, la ciencia y la política. Defendía a la República y a la democracia. Decía: "Aprendamos a defender nuestras convicciones sin odiar a nuestros adversarios; aprendamos a amar a quienes piensan diferente de nosotros".

Con cinco compañeros fundó en 1833 la Sociedad de San Vicente de Paúl, santo francés conocido como "El apóstol de los pobres", con el objetivo de "unir la acción con la palabra". Preguntaba en sus conferencias en Notre Dame: "Tú que vienes ante los pobres, ¿qué haces por ellos?". Su sociedad creció de manera admirable y cuatro años después de fundada, ya tenía más de 10 000 adeptos en 133 ciudades de Europa. Hoy subsisten todavía esas conferencias de caridad basadas en la necesidad de auxiliar a los pobres y apaciguar los odios que dividen. Yo participé en ellas durante dos años y llegué a ocupar el cargo de secretario de la sede en México. En 1936, mi amigo José Trinidad Mata y yo visitábamos a los pobres en sus casas para darles pan, consuelo y afecto.

Creo en la disciplina del trabajo y en la constancia diaria, atributos que forman el carácter y permiten alcanzar metas.

A los hijos hay que enseñarles a trabajar desde que son jovencitos, escalando peldaños desde abajo. Yo comencé a trabajar desde
los doce años todos los domingos, vacaciones y días de fiesta. A través
del aparador de El Molino veía a la gente paseando en las calles mientras yo vendía pasteles y hacía cuentas lo más rápido que podía.

Así me formé, así me crie. Recuerdo especialmente los "muertos de
a peso", como algunos llamaban el pan de muertos, la clientela aglo-
merándose, el continuo sonar de la registradora. La pastelería abría
todos los días del año, desde las siete de la mañana hasta las diez de
la noche. Los días de fiesta —sobre todo Día de Muertos, de Reyes
y Día de las Madres— eran particularmente agotadores. Diciembre
era un mes de actividad continua: posadas, Navidad y Año Nuevo. Al
sonar la última campanada de la iglesia vecina, hasta la duodécima,
marcando el inicio del año, nosotros seguíamos haciendo el corte de
caja. Eran días de trabajo corridos, semana tras semana, hora tras
hora, no había tiempo para pensar en ninguna otra cosa. Quienes
fabrican pan saben que no hay tregua ni días de cierre.

La vida no responde a planes preestablecidos, es incierta, y uno debe tener la capacidad para cambiar metas y planes.

A mi papá lo conocí poco, siempre estaba trabajando, aislado en su mundo. El 15 de diciembre de 1936 estábamos trabajando cuando me dijo que se sentía mal y, raro en él, insistió en irse a casa. Poco tiempo después, quizá a las siete, llamó Rafaela, la sirvienta, para decirme que estaba desmayado. Salí corriendo por el doctor Molas, amigo de la familia y médico de nuestros trabajadores, cuyo consultorio estaba en la esquina de Isabel la Católica y 5 de Mayo.

Cuando llegamos, mi padre seguía tirado en la cama. Al revisarlo, el médico confirmó lo que temíamos. "Está muerto", nos dijo. Fue un golpe terrible, un parteaguas inesperado de mucho dolor y desconcierto. Entre mi primo Jaime Jorba y yo lo desvestimos. Le pusimos un traje negro. El entierro fue al siguiente día en el Panteón Español. El Molino se cerró, pusimos un lazo negro en la entrada. Hubo rosarios durante nueve días en nuestra casa, nos pusimos de luto y así, sin anuncio, comenzó una nueva vida para todos nosotros.

La responsabilidad es un chicote que hay que asumir. Cuando el deber se impone no hay escapatoria.

Yo era el primogénito de una familia de cinco hermanos y, a mis dieciocho años, el deber de atender a la familia me obligó a abandonar los sueños para responder a la difícil situación familiar. Tuve que madurar muy pronto, responder a las nuevas circunstancias con una agobiante inseguridad. Sin espacio para dudas, lo dejé todo: la carrera de contabilidad que iniciaba en la universidad, sólo cursé un año, y el proyecto de ser sacerdote. De un día a otro tuve que trabajar de tiempo completo en las ventas de El Molino, la pastelería que con mucho trabajo inició mi padre y que había quedado huérfana de autoridad.

Cuidé de mis hermanos y apoyé a mi madre, severa, autoritaria y de carácter, quien finalmente mandaba. Decía, con su acento de catalana: "Yo soy *cumarcianta*", queriendo decir que en el negocio nada la detendría. Era ella quien preparaba las tradicionales canastas para la época navideña con licores, vinos y latería fina, que tanta fama le dieron a El Molino, y ella quien, gracias a sus dotes de cocinera, logró hacer despegar el Restaurante El Molino, inaugurado en 1931, tres años después de la pastelería. Cuando mi padre murió, yo me hice cargo de la pastelería, y ella, del restaurante.

Para avanzar hay que estudiar, mantenerse informado y al día. Quien se rezaga, se condena.

En aquellos años en que trabajaba de sol a sol en El Molino, tenía claro que no estudiaría una carrera universitaria. Sin embargo, traté de no abandonar el estudio. En 1937 me inscribí en el Instituto de Ciencias Antonio Caso para tomar clases sueltas de metafísica, filosofía crítica, francés y griego, a ésta el maestro añadía cátedras de mitología.

Tres años más tarde, en 1940, comencé a ir de oyente a la Facultad de Filosofía y Letras en la Universidad Nacional. Tuve la suerte de escuchar a grandes pensadores como Julio Torri. Me apasionaban la filosofía, las letras y la historia. Leía con voracidad ensayos de temas sociales, políticos, históricos y religiosos. Asimismo, novelas y biografías, libros de ciencia y de arte, pero por autodidacta y por tener muy poco tiempo para los estudios, mi formación se fue colmando de vacíos.

Siempre hay un momento de definición, de decidir cuál será el *modus vivendi* a futuro. Al sopesar las alternativas se deben analizar los pros y los contras. Mi consejo es que la decisión se alimente de ambición así como de un plan de desempeño guiado por la pregunta de dónde quisiera uno estar dentro de 10 o 20 años.

De diciembre de 1936, cuando murió mi padre, a diciembre de 1945, fecha en que fundamos Bimbo, se acentuó la prolongada y ruda crisis de identidad que padecía. En mi fuero interno rechazaba mi suerte. Añoraba la vida religiosa, ser historiador, quizá escritor, pero, sin otra opción, asumí finalmente lo que la vida me deparó: ayudar a mi madre, continuar con el negocio familiar y volverme una especie de padre para mis hermanos.

A El Molino le imprimí mi sello, lo modernicé radicalmente y se consolidó en el mercado. Avanzó sin duda, pero yo quería más. Lejos estaba de conformarme con la suerte de ser sólo gerente de una pastelería. José Trinidad Mata, mi compañero de estudios con quien compartía inquietud religiosa e ideales, representaba a unos granjeros de Huichapan y nos vendía el huevo para fabricar los pasteles. Las tardes en que venía a levantar el pedido conversábamos y echando a volar la imaginación soñábamos, por ejemplo, con ser socios de una oficina de representaciones de empresas extranjeras, como había intentado mi padre sin éxito.

Para entonces, ya había yo conseguido la distribución de unas camaritas fotográficas americanas, muy baratas, que vendía en unas cuantas tiendas, y de unos duplicadores, mimeógrafos de esténcil marca Rex. Como no tenía tiempo para venderlos, porque dedicaba todo mi tiempo a El Molino, Mata era quien buscaba compradores potenciales. Era un mal negocio, casi nadie se interesaba por nuestras baratijas, chácharas de poca calidad, pero yo no quitaba el dedo del renglón tratando de hallar algo más. Deseaba tener un exitoso negocio propio y buscaba con tesón el camino.

Hasta en las situaciones más adversas, uno puede hallar oportunidades de trabajo y crecimiento. Para encontrarlas hay que abrir los ojos y la mente, estar informado y ser creativo.

Nuestra quimérica oficina de representaciones inicialmente no funcionó. Le pedimos a mi primo Jaime Jorba, quien tenía poco tiempo de haber llegado a México huyendo de la Guerra Civil española, que trabajara para nosotros vendiendo a comisión nuestros productos. Él ya se dedicaba a ir de tienda en tienda, de pueblo en pueblo, ofreciendo corbatas y telas, y a ellas añadió nuestros productos: cámaras y mimeógrafos americanos, difíciles de saldar, zapatos mineros SVH fabricados en Toluca y pantuflas de marca Ferandel, mercancías mexicanas que nos permitían mantener la oficina.

Mata, ingenioso y de espíritu festivo, bromista y burlón, comenzó a escribir cartas a un sinfín de empresas norteamericanas ofreciéndoles ser sus representantes. Para tener una razón social creamos Importex A. en P. (asociación en participación), nos hicimos del apartado postal 1310 en el Correo Central, y ahí comenzamos a recibir notas, folletos y revistas de toda clase de compañías, incluyendo negativas de empresas trasnacionales como la Dupont, la Mexican Rubber y opulentas compañías de barcos o seguros que seguramente se burlaban de nosotros, dos ambiciosos jovencitos sin experiencia ni capital.

Eran momentos cruciales, los albores de la Segunda Guerra Mundial. El flujo de mercancías se había truncado inesperadamente y los comerciantes buscaban alternativas para vender sus productos o para abastecerse de materias primas que les permitieran continuar la producción. Era una situación que debíamos aprovechar.

Elegir socios es como elegir a la pareja. Debe haber respeto mutuo, confianza, afecto y un sentido moral común. Si uno se asocia con una persona sin principios, el vínculo necesariamente está condenado al fracaso.

A Jaime Jorba, por trabajador, buena persona y magnífico vendedor, Mata y yo decidimos asociarlo. Con entusiasmo, arduo trabajo y visión emprendió un viaje épico a Centroamérica y Sudamérica, volando en aviones DC3, para lograr representaciones. Después de un mes de tocar puertas regresó con decenas de productos para impulsar el negocio, un negocio que finalmente fue tan bueno que nos permitió tener capital inicial para fundar Bimbo.

La guerra apenas había iniciado, estaban bloqueados los intercambios con Europa, y Jaime logró abrir un sinfín de puertas. En aquel 1939, abandonamos Importex A. en P. y fundamos Servitje y Mata S. de R. L. (sociedad de responsabilidad limitada), en la que Mata, Jorba y yo, como tres mosqueteros, nos asociamos en partes iguales. Uno al otro nos llamábamos "colega". Jaime era el agente viajero que visitaba clientes, hacía los contactos y acuerdos. Mata administraba y buscaba nuevos contactos entre empresarios latinoamericanos. Y yo, un simple socio capitalista que sólo a ratos me sumaba al esfuerzo porque aún sentía la enorme responsabilidad de apoyar a mi madre en El Molino, donde sólo recibía sueldo y gratificación.

Desde una pequeñísima oficina en el despacho 38 de la calle Gante número 8, vendíamos hasta lo inimaginable. Cientos de productos: cremor tártaro, láminas de grenetina, oleoestearina para la fabricación de cerillos, lanas, pieles, ácido tartárico, manteca de cacao, frutos secos, alpiste, mijo, algodón, canela, óxido de zinc, estaño, aguarrás, medias, resinas y hasta bolígrafos, recién inventados.

14

Cuando uno emprende en situaciones de riesgo, cualquier cosa puede suceder: uno puede ganar mucho o perderlo todo, como pasa en un juego de azar. Un negocio a largo plazo debe fincarse sobre bases más sólidas, teniendo más control de los riesgos.

Dice el dicho que a río revuelto, ganancia de pescadores. Así nos sucedió al impulsar una importadora de productos en tiempo de guerra, pero lo sabíamos: el riesgo era cada vez más grande y, si la guerra terminaba, podíamos quedarnos varados con deudas y productos invendibles. Podíamos perderlo todo. No obstante, aprovechamos la coyuntura, asumimos el riesgo y, de 1938 a 1944, no cesamos de buscar nuevos clientes, escribir cartas, buscar oportunidades.

Mata, con una admirable imaginación, conseguía nuevos negocios. Si algún fabricante nos respondía, le pedíamos muestras y cotizaciones, acordábamos una comisión y buscábamos clientes potenciales para comercializar su producto. Eran operaciones arriesgadas porque, por las restricciones que imponía la guerra, Estados Unidos sólo aprobaba la exportación de productos manufacturados y nosotros comerciábamos con todo lo que llegara a nuestras manos. Aprovechábamos la desesperación de los industriales que estaban dispuestos a comprarle a cualquiera las materias primas que antes recibían puntualmente de Estados Unidos y Europa.

De hecho no teníamos dinero propio, trabajábamos casi con las uñas. Unos abarroteros del mercado de La Merced, amigos de Mata, nos prestaban dinero al interés. ¡Llegamos a deber hasta 20 000 pesos! No eran gran cosa, pero para nosotros representaba una cantidad enorme.

Todo lo que ganábamos, hasta el último centavo, lo reinvertíamos. El riesgo era continuo, una mala operación podía hundirnos. Cualquier cosa podía suceder porque los fabricantes reducían su producción, muchos cerraban sus plantas, la guerra podía terminar de manera intempestiva, como inició, y el mercado podía restablecerse de un día para otro.

15

Las oportunidades están ahí, sólo tenemos que aprovecharlas.

A principios de 1943, Jaime Jorba se enteró de que Jesús Goya, el técnico de la fábrica donde comprábamos el óxido de zinc, había sido despedido. Lo buscamos en su casa en Calzada de Guadalupe para ofrecerle que fuera socio nuestro en una nueva fábrica. Así pasamos de comerciantes a industriales, con el firme propósito de tener un negocio más estable en el riesgoso contexto bélico.

Este compuesto químico nos ofrecía mayor futuro por sus múltiples usos y, sobre todo, porque ya habíamos abierto mercado en América del Sur donde podíamos seguir exportándolo. Resultaba útil como pigmento o inhibidor del crecimiento de hongos en pinturas, servía también para rellenar llantas de goma, vulcanizar el caucho o como pomada antiséptica en medicinas.

Los tres —Mata, Jorba y yo— éramos socios en partes iguales del 50% de Productos de Zinc y Plomo S. A., y Goya, del otro 50%. Además de óxido de zinc fabricábamos óxido de plomo. La producción íntegra la exportábamos a Argentina, Brasil y Chile. Mata se encargó con enorme éxito de este negocio y, con el tiempo, continuó creando empresas alrededor de la metalurgia estableciendo un importante conglomerado de negocios que incluían la fabricación de tambores de acero, materiales de pintura y muchos otros productos. Fuimos queridos socios durante más de sesenta años.

16

Cuando uno conoce a una persona decente que aporta conocimientos, experiencia y realismo a un objetivo, es de tontos no reconocer su valía. Puede ser un gran socio.

En 1941, con una gran inversión, modernizamos El Molino con un avanzado equipo de producción y convertimos el negocio en el más prestigiado de su tipo en la capital. Yo no quería ser un simple pastelero toda mi vida y me informaba de todos los pormenores de la industria norteamericana, deseaba vender al mayoreo, expandir el negocio a otras ciudades de la República.

Como parte de aquella remodelación, Alfonso Velasco vino a instalarnos un horno para hacer más efectiva la producción de pasteles y bizcochos. Mientras lo colocaba nos contó su vida. En 1922 su papá había fundado Pan Ideal, la primera industria mexicana fabricante de pan de caja en México, empresa pequeña y prometedora.

Para dirigir la fábrica, su papá lo había mandado a especializarse al American Institute of Baking, la mejor escuela de panadería de Estados Unidos, pero, para su desgracia, a los dos años de haber creado Pan Ideal su padre fracasó en la incierta aventura de los minerales, le vendió la empresa del pan a Pablo Diez, pionero de la Cervecería Modelo, y a su regreso de Estados Unidos Alfonso Velasco tuvo que conformarse con ser empleado.

Ingeniero en panificación con enormes conocimientos técnicos, ocupaba el cargo de director técnico de Pan Ideal pero, en la práctica, no tenía ninguna autoridad. Decía que estaba insatisfecho, que los dueños no lo escuchaban. Insistía en que descuidaban el servicio y la calidad, además desaprovechaban un mercado fértil con amplias posibilidades de crecimiento.

Mi tío Jaime Sendra y yo invitamos a Velasco a crear Bimbo y él gustoso aceptó. Los socios capitalistas seríamos mi tío Jaime Sendra, Mata, Jorba y yo. Velasco, sin inversión, sería socio industrial ganando el 10% de las utilidades del negocio, con posibilidades de luego comprar otro 10%.

Él era quien tenía todo el *know how*, era experto en panadería, conocedor de todos los pormenores de fabricación, uso de máquinas y distribución: desde la fabricación de pan, bizcochos y pasteles, hasta el manejo y mantenimiento de la maquinaria industrial más compleja para mezclar, rebanar y envolver el pan. Fue él una figura esencial; nosotros éramos simples pasteleros con buena voluntad.

17

Un buen negocio no está basado en la suerte, es un riesgo calculado.

De 1943 a 1945, después de las diez de la noche cuando yo regresaba de hacer el corte de caja en El Molino, nos reuníamos en mi casa de recién casado, en Taine 241, Polanco, para estudiar el mercado y hacer planes precisos para iniciar operaciones con éxito y certeza. Analizábamos cada detalle, no queríamos errar: normas de fabricación y venta, distribución, compra de terreno y maquinaria, políticas y alcances de la empresa, medios para publicitar nuestros productos.

Aún subsiste un plan de ventas que yo escribí a máquina en julio de 1944, un año y medio antes de inaugurar, con toda la planeación del negocio enfocado, desde su inicio, a servir al mayor público posible. Ese documento es un tesoro histórico de nuestra empresa donde todo estaba estipulado: desde la forma de entrevistar a nuestros posibles clientes en el Distrito Federal y en plazas foráneas, la metodología para recabar información en cada visita que se les hiciera, hasta las ventajas sobre el bolillo y otros panes de caja.

Contemplamos todos los clientes posibles y con ellos hicimos un serio estudio del mercado: tiendas, misceláneas, placeros, salchichonerías, pastelerías, fruterías, panaderías, compañías de aviación, *pullmans*, ferrocarriles, hoteles, cafés, restaurantes, cantinas, hospitales, asilos, escuelas e inclusive el Hipódromo.

Quedó estipulado que en la primera visita el vendedor debía anunciarse previamente por medio de una tarjeta postal y luego, cuando ya estuviera frente al dueño o el encargado de la tienda, panadería o miscelánea, debía convencerlo sobre la frescura y calidad que tendrían nuestros productos sobre los de la competencia. Pensábamos que Bimbo, con mística de servicio, escucharía a sus clientes, resolvería problemas y ofrecería mercancías que llenarían cabalmente las expectativas de los consumidores.

Escribí otro documento en 1945 donde estipulamos los cálculos económicos del negocio: costos de materias primas, costo de los camiones, comisiones de repartidores, gastos de propaganda, mermas, impuestos, seguros, maquinaria, pagos de luz, agua y combustibles; todo estaba contemplado, incluyendo nuestros sueldos.

18

Aunque uno sea el director o el gerente general, si uno trabaja menos tiempo que el resto de los socios, por elemental justicia uno debe ganar menos.

Al iniciar Bimbo, Jaime Jorba, gerente de ventas, y el ingeniero Velasco, superintendente de producción, recibían cada uno 1 500 pesos mensuales, y yo, aunque era el gerente general, tenía un sueldo menor, sólo 825 pesos, porque durante algunos años, creo que hasta 1950, trabajé medio tiempo en El Molino.

Me resultaba de elemental justicia que mi sueldo en Bimbo respondiera al tiempo que le dedicaba en horas a la empresa. Esta política la mantuve siempre con férreo compromiso. Era una cuestión de respeto a mis socios, un asunto moral.

Tiempo después, en 1963, al cumplir cuarenta y cinco años, sentí que estaba en una etapa de madurez: había terminado de formar mi familia —ocho hijos: seis mujeres seguiditas y, ya luego, dos hombres, nacidos todos entre 1945 y 1959— y con mis socios había logrado consolidar un negocio próspero y exitoso. Hablé con ellos y les dije que dedicaría el 50% de mi tiempo a la dirección del negocio, y el otro 50% a mis propios proyectos sociales, por lo que había decidido reducir mi sueldo a la mitad. En la práctica la empresa aún requería de mi esfuerzo continuo y fue imposible dedicarme tantas horas a otras cosas, sólo el 20% de mi tiempo fue para asuntos personales.

19

El endeudamiento en una empresa debe ser prudente, nunca mayor al monto de los activos, y, por supuesto, si uno tiene números rojos, hay que ser absolutamente riguroso con cada gasto.

En nuestro caso, el inicio fue temerario. Calculábamos que la inversión total de la nueva empresa rondaría por el millón de pesos, y que, si todo iba bien, venderíamos un millón de pesos al año. Acordamos pedir un crédito de 500 000 pesos al Banco de la Propiedad, que pagaríamos a plazos. A los dueños del banco, refugiados españoles, les dijimos que contábamos con 500 000 pesos y que requeríamos una cantidad similar. En realidad sólo teníamos 375 000, debíamos 25 000 pesos del terreno a mi suegro y 100 000 pesos más a mi tío José Torrallardona, dueño del Hotel Ancira de Monterrey. Si el banco nos concedía el préstamo, nuestra deuda ascendería a 625 000 pesos. ¡Era una responsabilidad tremenda!

Jaime Jorba, José Trinidad Mata y yo invertiríamos equitativamente el 75% del capital social, es decir los 300 000 pesos que en conjunto teníamos ahorrados como ganancia de nuestro negocio de representaciones extranjeras y de Productos de Zinc y Plomo. El tío Jaime Sendra, con gran dificultad porque estaba descapitalizado, se comprometió con el 15%, es decir, debía invertir 75 000 pesos; para completarlos tuvo que pedirle prestado al proveedor de mantequilla de El Molino. El otro 10% del capital social se lo ofrecimos a mi tío José Torrallardona a cambio de que nos prestara los 100 000 pesos. Inicialmente, mi tío Jaime Sendra sería sólo socio capitalista porque se quedaría trabajando en El Molino apoyando a mi mamá y a mis hermanos. Sin embargo, en 1954, en franco desacuerdo con el segundo matrimonio de mi madre, renunció a El Molino y se incorporó a Bimbo como jefe de personal, donde laboró con nosotros dieciséis años.

20

La palabra empeñada es un compromiso ineludible. Quien rompe su palabra, traiciona su nombre.

A mi tío José Torrallardona, hotelero de Monterrey, sólo por prestarnos capital que pagamos con prontitud, le ofrecimos también el 10% de sociedad de Bimbo, un compromiso que sostuvimos a cabalidad. Fue insólito, requeríamos dinero para comprar la maquinaria y, sin más, así se lo propusimos. Fue él, no nosotros, quien como a los diez años de la creación de Bimbo decidió vender sus acciones que, para entonces, le habían dado sustanciosas ganancias.

Al Banco de la Propiedad le pagamos la deuda inicial dos años después de la inauguración y, cuando en 1947 les pedimos un nuevo préstamo para construir en otros tres mil metros cuadrados de terreno, duplicando las dimensiones del negocio, se negaron a dárnoslo. Astutos y pragmáticos, partícipes de nuestro éxito, nos exigieron acciones. Por supuesto no aceptamos, preferimos pagar un interés más alto. Con un negocio probado, ¿para qué los necesitábamos?

Uno no debe tener miedo de soñar imposibles. Éstos son alcanzables si hay voluntad de trabajo, visión, metas precisas y bien calculadas, capacidad de asumir riesgos, fe y una dosis de buena suerte.

Para edificar la planta, inicialmente compramos un terreno en la calle Popocatépetl, en la colonia del Valle, pero pocos meses después, cuando el concepto del negocio fue tomando forma, nos dimos cuenta de que ese predio no tendría futuro porque sólo cabrían siete camiones. Jaime Jorba, Jaime Sendra, Mata y yo pensábamos en una fábrica más pequeña, pero el ingeniero Velasco, un hombre ordenado y metódico, con gran visión y experiencia, dio indicaciones de los requerimientos técnicos necesarios para arrancar y éstos resultaban mucho más ambiciosos de lo que imaginábamos.

Con mucha suerte, sin perder ni un sólo centavo, pudimos vender aquel primer terreno para comprarle otro a mi suegro, don Daniel Montull, un hombre trabajador y sencillo, dueño de Cerillera La Central y propietario de un fraccionamiento industrial en la colonia Santa María Insurgentes. Le pedí que nos vendiera 3 000 metros cuadrados de terreno, pero él me replicó: "No te vendo 3 000, compra 10 000, porque lo que me pides no te va a alcanzar".

Resultaba imposible comprometernos a comprar la manzana completa, no teníamos dinero. Confiando en nuestro sueño, me ofreció que le pagáramos los 25 000 pesos a plazos. Ese apoyo de don Daniel resultó invaluable, fue casi providencial que compráramos aquel enorme terreno siendo tan jóvenes, inexpertos y con escaso capital. Fue afortunado y caímos de pie. El acierto fue tan grande que a los siete años de haber inaugurado Bimbo, es decir en 1952, ya habíamos construido la totalidad de ese predio.

22

En el inicio de cualquier negocio se debe ser tan eficiente que uno alcance la meta aún antes de salir.

Queríamos inaugurar la planta el 2 de diciembre de 1945 para aprovechar las ventas decembrinas y trabajamos a marchas forzadas en todos los frentes para lograrlo: nos apretamos bien el cinturón de los gastos, estudiamos el mercado y nos fijamos metas muy claras a corto, mediano y largo plazo. El éxito estaba fincado en satisfacer las carencias del mercado de pan de caja: frescura, buen servicio y generar demanda. Es decir, que Bimbo fuera sinónimo de calidad y frescura.

Nuestra tabla de medir era Pan Ideal, nuestro competidor. Tratamos de subsanar sus errores, hicimos mucho ruido y escuchamos a nuestros posibles clientes para que exhibieran y ofrecieran nuestros productos con confianza.

Como sabíamos que el principal problema de la competencia era que su pan se quedaba en las tiendas hasta estar mohoso y que, como estaba envuelto en papel encerado, resultaba imposible para el cliente ver la calidad del producto, nosotros empacaríamos nuestros artículos con el novedoso papel celofán que permitiría al comprador constatar la frescura de los mismos.

Asimismo, organizamos rutas para entregar y recoger mercancía diariamente. Garantizaríamos pan fresco y recién horneado en cada punto de venta: lo que entregáramos el lunes, se recogería el miércoles, a fin de que en las tiendas jamás hubiera producto vencido.

Tendríamos diez camiones, Pan Ideal apenas tenía cuatro. Compramos cinco *pick up* nuevas de General Motors, a las que les construimos las cajas metálicas, y los otros cinco camiones eran usados y los adaptamos. Uno o dos de ellos habían sido ambulancias, otro era de redilas, uno más pertenecía a una fábrica de jabones y, un quinto, era una camioneta Vanette que había pertenecido a un fabricante de sierras, vehículo chato que serviría de modelo para futuros camiones de Bimbo, aún hoy, más de setenta años después.

Con el fin de llegar a todos los puntos de la capital, Jaime Jorba generó una estrategia de distribución con base en un manual de refresqueros porque no había antecedentes de distribución de pan. Él y su equipo peinaron toda la ciudad, de Oriente a Poniente, de Norte a Sur, identificaron puntos de venta y clientes potenciales, escucharon las quejas de los posibles compradores y, con base en esta información, aseguramos ventas. Un mes antes de inaugurar la planta, el ingeniero Velasco recibió la totalidad de la maquinaria, contrató a diecinueve obreros y comenzó a fabricar. Mi hermano Roberto, que comenzó a trabajar a sus diecisiete años como segundo supervisor, ganaba 150 pesos mensuales, sólo un poco más que un mozo que recibía 110.

Inicialmente fabricamos lo mismo que Pan Ideal y salimos al mismo precio de venta: Súper Pan Bimbo para mesa a 50 centavos; Súper Pan Bimbo para sándwiches (pan grande) a 90 centavos; pan tostado, entonces llamado Tostadas Bimbo para niños y enfermos, a 70 centavos; y Pan Negro Bimbo, de trigo y centeno, a 60 centavos. Según decía Velasco, la maquinaria nos permitiría fabricar un promedio de 960 piezas de pan grande por hora y nuestra ilusión era vender un millón de pesos al año. Para fines de 1946, al año de haber inaugurado, ya lo habíamos logrado.

El mercado se detona no sólo con un buen producto, sino con un impacto contundente de marca que incluye, por supuesto, un nombre pegajoso y adecuado.

Había que impactar el mercado para generar demanda. Yo leía todo lo que caía en mis manos acerca de organización, *marketing* y ventas. Sabíamos que el nombre era fundamental y desde las primeras juntas de planeación comenzamos a sugerir ideas. Pensamos ponerle Súper Pan, pero resultó ser un nombre no registrable y, además, tenía un agravante: si nuestra razón social era Súper Pan S. A., sonaría como "súper panza".

Velasco llegó un día con una larga lista, entre ellos Súper Pan Bimbo. No sé si se le ocurrió usando las consonantes de la película *Bambi*, producida en 1942 y entonces en carteleras, o por el famoso juego del bingo, popularizado en esa época en los casinos de Las Vegas, Nevada.

Bimbo sonaba bonito, era pegajoso, amable y eufónico, tenía pocas sílabas y cierta connotación infantil. Nos llamaríamos Panificación Bimbo S. A. porque nos parecía de mayor categoría. Hoy sabemos que *bambino* en italiano es niño y que coloquialmente a los *bambinos* les dicen *bimbo*, pero fue una absoluta coincidencia.

24

Tan importante como el nombre es cuidar a detalle el logotipo y la imagen de la empresa.

En diciembre de 1944, cuando buscábamos una imagen para nuestra empresa, pensamos en un panadero con actitud de servicio y rostro sonriente, quizá en algún animalito simpático que representara el oficio del panadero. Jaime Jorba nos ofreció un osito que recibió como felicitación navideña de su amiga Linda Darnell, actriz de Hollywood, con quien a menudo se carteaba.

Poco tiempo después de haber llegado a México huyendo de la Guerra Civil española, Jaime había pasado una temporada en Dallas donde estudió *high school*. Ahí se hizo novio de Monetta Eloyse Darnell, de quince años, hija de un empleado de correos, quien soñaba con llegar a ser actriz de cine, como eventualmente sucedió. Con el nombre artístico de Linda Darnell viajó a Hollywood a finales de la década de 1930 y destacó como una de las grandes estrellas al lado de figuras legendarias como Tyrone Power. Jaime mantuvo contacto con ella y a menudo le respondía con tarjetas postales en las que le contaba de sus logros cinematográficos. Ese diciembre ella le envío esa felicitación con un osito vestido de Santa Claus. De inicio nos gustó y le pedimos a mi tía Anita Mata de Sendra, esposa del tío Jaime, talentosa dibujante, que lo vistiera de panadero, con delantal y gorro. El ingenieroVelasco le cambió la nariz, le agrandó los ojos y así nació el Osito Bimbo que, junto con los colores azul y rojo, tradición de El Molino, definieron a Panificación Bimbo.

El Osito Bimbo fue nuestro amuleto de la suerte porque los consumidores lo acogieron con enorme cariño. Llegamos a publicar sus peripecias como tiras cómicas en los diarios de la capital: recorría países del mundo y llegaba hasta la Luna cuando nadie, salvo algún lector de Julio Verne, imaginaba que el hombre lograría pisar aquella superficie.

25

La imagen de una empresa lo incluye todo: el nombre, el logotipo y la forma de anunciarse, pero también los camiones y la presencia de quienes llevan puesta la camiseta del negocio. Si un camión está chocado o sucio, si un empleado es grosero, tiene malas actitudes y viste desaliñado, eso necesariamente impacta la marca.

El Osito Bimbo y las letras bicolores estarían en todas las envolturas, los camiones de reparto y en toda la publicidad inicial. Pero ello no bastaba, había que cuidar que los camiones estuvieran en impecables condiciones, impolutos y sin una sola rayadura, que parecieran nuevos y recién pintados con el osito y el logotipo, y también el uniforme de los vendedores, limpio, bien planchado y con corbata distintiva.

En un decálogo que escribí para los vendedores, un instructivo que se ha ido ampliando y aún hoy se aplica, incluí normas básicas de comportamiento como no fumar frente a los clientes, visitarlos diariamente, ser puntuales, tener el cabello corto, rasurarse todos los días e ir con la ropa y los zapatos escrupulosamente limpios. Todo es parte de la imagen que aún hoy nos distingue.

A ello, en estos tiempos modernos, habría que agregar que los colaboradores no envíen ni reboten por el e-mail empresarial ningún mensaje que pueda comprometer a la marca.

26

El gasto en publicidad debe ser cuando menos el 3% de las ventas totales de la empresa.

En el rubro de los panaderos no se usaba hacer campañas publicitarias o promocionales y nuestro éxito fue haber pensado en la publicidad como herramienta fundamental desde el inicio. Aquel plan de julio de 1944 incluía un rubro de gastos en publicidad que podía ascender hasta el 3% de nuestras ventas totales, así lo contemplé entonces, aunque luego me di cuenta de que era importante gastar aún más.

Contratamos a Publicidad Continental para tener presencia en prensa, radio y en los noticieros de cine, donde también se transmitió la inauguración. Proyectaríamos el mismo impacto de marca con nuestros camiones circulando por la ciudad, con nuestros productos exhibidos con esmero en los variados puntos de venta y con los anuncios en periódicos y en radio. Hasta ese momento nunca nadie había pagado páginas enteras para anunciar pan, pero nosotros lo teníamos claro: había que alinear todos nuestros esfuerzos en la misma dirección para generar demanda, para que Bimbo fuera garante de pureza, calidad y satisfacción, de servicio oportuno y eficiente.

En la semana previa a la inauguración, día a día íbamos generando expectativa sobre lo que sería Bimbo. Finalmente el día de arranque nos anunciamos en la XEW y en la XEQ, y publicamos dos páginas completas en varios diarios de la capital: en una dábamos a conocer que inaugurábamos la planta y, en la otra, nuestros proveedores nos felicitaban por la apertura. La respuesta no se hizo esperar.

27

El éxito de una empresa se debe, a mi juicio, a tener el propósito de crecer. Crecer y no sólo ganar dinero; a reinvertir lo más posible y a tener una verdadera obsesión por la productividad.

En el pergamino de inauguración escribimos: "Creer, crear". Creímos en Dios y sabíamos que tendríamos que trabajar para ser capaces de crear. Estábamos emocionados y nerviosos, sabíamos que trabajando con amor y dedicación el dinero también llegaría.

El objetivo, sin embargo, no era henchirnos de signos de pesos, sino crear una empresa altamente productiva y plenamente humana. Los colaboradores también así lo entendieron. Con nuestro ejemplo y dedicación sabían que no trabajaban para nosotros, sino que trabajábamos juntos en la creación de algo nuevo. Todos creíamos en creer y en crear, en servir a otros, y con ese sello laboral alcanzamos nuestro objetivo.

28

Sí existe una receta para alcanzar el éxito: trabajo intensivo y en equipo, austeridad total, reinversión continua y riesgos calculados.

El éxito nunca es producto de un sólo hombre. Cuando alguien dice "Bimbo de don Lorenzo", yo replico y corrijo que Bimbo es una obra colectiva en la que se conjuntó el esfuerzo de muchos soñadores que dimos origen y fundamento a esta gran empresa. Desde el inicio todos estábamos entusiasmados y forjados con la misma mentalidad: mucho trabajo, más de doce horas diarias, austeridad, reinversión continua y asunción de riesgos con cálculo.

Quizá lo más importante es que supimos crear equipos arraigados, respetándonos y dándole a cada quien su lugar. Se necesitó de todos. Del profesionalismo y sabiduría de Alfonso Velasco. De Jaime Jorba y su equipo de vendedores. De mi tío Jaime Sendra aconsejándonos y tomando las riendas de El Molino, un apoyo moral gigantesco para mí porque había yo dejado a mi madre a su suerte. Del Osito Bimbo, que impactó a la sociedad. Y de mi propio esfuerzo en la dirección, administración, compras y publicidad. Luego se sumarían muchos otros, como mi hermano Roberto que generó una espectacular expansión de la empresa.

Anhelábamos el éxito y tuvimos la suerte de caer de pie, de habernos asociado con quien sabía, de haber comprado un buen terreno y moderna maquinaria, de haber sabido trabajar, de que nuestra gente se comprometiera con el esfuerzo. ¡Ha sido el único negocio en mi vida en el que obtuve utilidades desde el primer día! Nunca más. La demanda era tan desbordada que Jorba y Velasco, un mes después de haber inaugurado, me pedían que subiéramos los precios y los subimos un 10%. Pudimos haber abrazado un proyecto equivocado, pero trabajamos arduamente y ésa fue nuestra suerte.

29

Cuando el personal reconoce que hay respeto y se considera con dignidad a su persona, trabaja contento, trabaja más y mejor.

En Bimbo no les llamamos trabajadores ni mano de obra a nuestros empleados. Son colaboradores, no máquinas de trabajo. Por nuestra formación social cristiana, no tenemos una visión instrumental de la gente: son colaboradores que motivamos a que den lo mejor de sí mismos.

Desde el inicio, y sobre todo en los años formativos, una de nuestras principales preocupaciones ha sido que el personal trabaje con gusto, que se identifique con la empresa, que se respete su dignidad como persona, al igual que se hace con los clientes, proveedores y la comunidad en general. Deseábamos que a la pregunta: "¿Tú trabajas en Bimbo?", pudieran responder: "No, yo soy Bimbo".

30

Una empresa es tan buena como sea su gente. Nuestro objetivo ha sido formar y desarrollar buenos jefes, porque teniéndolos se consiguen buenos trabajadores y, por tanto, una buena empresa.

La regla de oro en Bimbo, desde el primer día y aún hoy, es tratar al personal con cuatro condiciones básicas: justicia, respeto, confianza y afecto. Además, nuestra filosofía ha sido capacitar técnica y humanamente a nuestros colaboradores para generar un ambiente de desarrollo, participación y lealtad.

Aunque haya a quienes les suene lírico, en Bimbo sí tomamos en cuenta, respetamos y queremos a nuestros colaboradores. Ello, por supuesto, no quiere decir tener "manga ancha". Por el contrario, si alguien no responde, nuestro criterio es separarlo de la empresa. Querer a un trabajador a veces significa tomar la decisión de despedirlo. Somos muy firmes. Quien comete una falta grave, se va.

31

La honradez debe normar todos nuestros actos. Si alguien engaña a su pareja y miente en su propia casa, no se tocará el corazón para mentir también en la empresa. Ésa ha sido nuestra política en Bimbo: quien prueba no tener sentido moral, lo despedimos. No puede ser un buen colaborador.

En Bimbo una de nuestras normas por sus siglas se llama CAR, clasificamos al personal bajo los rubros: confiable, aceptable o rechazable. Quien cae en la última categoría, quien miente, traiciona o carece de valores e integridad es despedido sin ninguna consideración. A los aceptables tratamos de convertirlos en confiables, y esa política ha funcionado siempre.

Pienso que en nuestra profesión, en la familia, con la sociedad, ante Dios y ante el mundo debemos presentarnos con la conciencia limpia y la intención recta. Para cultivar el carácter hay que ser perseverante y firme, dominar los impulsos. Desgraciadamente, como sociedad padecemos un severo deterioro moral por la falta de honradez, la corrupción, la desintegración familiar, el hedonismo y la falta de respeto a la ley, inercias que nos dañan y corroen como sociedad. Ello me preocupa y lo he combatido siempre.

32

Los cursos son fundamentales para generar cohesión, para fomentar el crecimiento de los colaboradores y para que todos sepan con exactitud qué se espera de ellos.

Como al principio no teníamos departamento de personal, era yo quien entrevistaba a todos los colaboradores. En 1954, poco antes de cumplir diez años de haber abierto las puertas de Bimbo, ya sumaban más de setecientos. Desde entonces comenzamos a impartir cursos de jefatura, de supervisión, de direccción; así como el Cusupe: curso de superación personal, el curso más exitoso y popular en la empresa, obligatorio para todos quienes laboran en Bimbo.

El Cusupe tiene como objetivo estimular a nuestro personal a plantearse ideales propios por medio de pláticas y mesas redondas. Incluye temas de salud, cultura y familia, sobre valores y conductas cívicas. La intención es ayudar a nuestra gente a encontrar un camino personal, un camino de vida que, casi siempre, provoca una respuesta alentadora. Si alguien después del Cusupe descubre que Bimbo no es para él, que la empresa no es su ideal de vida, puede marcharse sin ningún remordimiento.

Además de pláticas con psicólogos y otros especialistas, el Cusupe incluye presentaciones de inducción a la empresa que durante muchos años yo mismo impartía. Les contaba la historia de Bimbo, les hablaba de nuestra filosofía y de nuestros objetivos con la intención de generar su adhesión y compromiso. Asimismo, les hacía saber que, ante nuestros ojos, no eran máquinas de trabajo, sino seres humanos plenos.

33

Cuando se genera un clima de participación, los colaboradores de todos los niveles hacen suyos los objetivos y asumen los logros como propios.

Nosotros creemos en fortalecer la comunicación institucional. Desde el principio escribí un folleto que titulamos "Bienvenido a Bimbo", donde los nuevos colaboradores podían saber qué era lo que se esperaba de ellos. Explicitábamos las obligaciones, los derechos, las prestaciones e íbamos dejando testimonio de nuestra historia con el fin de familiarizar a todos con la empresa, brindarles información fresca, incentivar el diálogo y generar un importante foro de comunicación.

Este folleto fue el antecedente de *Nuestra revista*, el medio de comunicación interna que ha sido fundamental para unir al equipo y divulgar la información de Bimbo, con el fin de que todos se sientan partícipes del éxito. Sirve también para que los jefes participen de manera más certera en las decisiones de su ramo, ya sea en asuntos de tecnología, financiamiento, administración o nuevas ideas.

34

Delegar es fundamental: que el menor haga lo más posible, y el mayor, sólo lo necesario y así tenga tiempo para pensar, evaluar y tomar decisiones certeras.

El concepto de subsidiariedad de la doctrina social cristiana —que se explica con una frase por todos nosotros conocida: tanto seguidor cuanto sea posible y tanto líder como sea necesario—, implica estimular la mayor actividad del subordinado para que el jefe sólo actúe en lo necesario. Como jefe considero fundamental no llegar a dictar órdenes, sino escuchar a los colaboradores; preguntarles cómo resolverían tal o cual cuestión porque es muy probable que ellos, que están en la brega, tengan una mejor respuesta.

La subsidiariedad promueve la participación, la toma de responsabilidades y la iniciativa de los subordinados. Genera un círculo virtuoso en el que todos se benefician: el negocio en su conjunto y cada uno de los individuos que lo conforman porque se sienten satisfechos de crecer, participar y desarrollarse creativamente. La empresa, vista de este modo, no es una hermana de la caridad, sino una entidad altamente productiva y plenamente humana. Es el escenario adecuado para la superación y el desarrollo humano, para una sociedad más justa, y no sólo el sitio donde se produce riqueza.

35

El autoritarismo es el peor de los consejeros. Un buen jefe no puede ser un déspota. Debe ser, por el contrario, un líder entusiasta, trabajador y con visión, que sepa formar equipo y alentar a otros.

Nos gusta desarrollar jefes en los distintos niveles, jefes que asuman su autoridad con responsabilidad, entusiasmo e inteligencia. Si alguien es arrogante o maltrata a su gente no tiene lugar en Bimbo, un mal líder daña al equipo y destruye la filosofía. Desde el director general hasta el supervisor más modesto, inclusive el obrero que tiene un grupo de operarios a su cargo, asume la responsabilidad de servir como modelo para quien dependa de él. Se trata de formar equipo, de ayudar a otros a sentirse valiosos, útiles y capaces para poder ir ascendiendo, porque para ser productivo es indispensable sentirse bien, sentirse contento y satisfecho.

Todo jefe de equipo forma parte de la base de otro, es portavoz de los puntos de vista de su gente ante sus superiores. Este encadenamiento de equipos, esta acción "bisagra", facilita la comunicación vertical ascendente y descendente en la empresa y sirve para promover el interés y el involucramiento de todos. Cada jefe debe realizar reuniones periódicas de su equipo con el fin de escuchar los problemas de su área y plantear nuevos objetivos. Es asimismo su obligación levantar actas de dichas juntas con el fin de garantizar el seguimiento.

Si no hay posibilidad de ofrecer ascensos, uno debe buscar salidas para los colaboradores porque a ninguna empresa le conviene tener gente insatisfecha, personal frustrado sin capacidad de prosperar.

Hace algunos años me di cuenta de que había demasiados envasadores en Barcel y que resultaba imposible ofrecerles una oportunidad de crecimiento, lo más seguro sería que se quedarían haciendo lo mismo toda la vida. Por eso, en ese mismo afán de preparar a nuestros colaboradores impulsé, aunque sin mucho eco, la creación de una escuela de oficios a fin de preparar técnicamente a nuestros colaboradores, abrirles puertas y ventanas de crecimiento para que pudieran ejercer un oficio digno y productivo fuera de Bimbo.

Varios de mis socios se opusieron a ese gasto. Les parecía absurdo pagar cursos para colaboradores que no se quedarían en la empresa, pero yo seguí adelante. Actué convencido de que, por un asunto de justicia, había que ofrecerles alternativas de desarrollo. Además, hasta por pragmatismo, a ninguna empresa le conviene tener colaboradores insatisfechos y frustrados.

37

Para que una empresa tenga miras de futuro, independientemente de quién la dirija, debe dejar asentada su visión y filosofía en manuales de normas y de procedimientos claramente escritos, exhaustivos y bien fundamentados.

Algunos me criticaban porque todo lo quería resolver con manuales, pero siempre actué convencido de que es una herramienta fundamental. Me dediqué personalmente a implementar nuevos manuales, más controles para promover la productividad y el trabajo, a sustentarlo todo en cursos, folletos e instructivos.

Estaba plenamente convencido de que esa sería la base para sistematizar y estandarizar todos los procesos de la empresa: desde producción, control de calidad, normas de economía, reglas de los vehículos, hasta las relaciones públicas, la comunicación, el diseño, el trato al personal, el entrenamiento y las gratificaciones.

Estas normas y procedimientos escritos nos permitieron ir creciendo como líderes en el mercado, cumpliendo con nuestro ideario, proyectando seriedad y compromiso. Esto da sustento a largo plazo a cualquier empresa, independientemente de quién sea el director en turno.

Un empresario no puede asumir una posición paternalista con su personal porque esa forma de ayuda no tiene fin. Es mejor buscar alternativas sustentables, como cajas de ahorro, cursos de superación y asesorías de distintos tipos que les ayuden a salir adelante.

Casi desde el principio, en noviembre de 1951, nosotros instalamos la primera caja de ahorros y de préstamos con el fin de ayudar a nuestro personal. A los colaboradores que así lo querían se les daba la oportunidad de ahorrar una cantidad de su salario para que la recibieran con intereses a fin de año.

Ello no sólo fomentaba la práctica del ahorro, sino que era una manera de ayudarlos y de evitar las continuas peticiones de préstamos. Esta caja de ahorros nos permitía conocer las necesidades y problemas de nuestra gente y, en lo posible, tratábamos de estar cerca y de ayudar.

En algunas de nuestras fábricas promovimos secundaria y preparatoria abierta para los colaboradores. También los asesoramos para que recibieran atención y buen servicio por parte de las autoridades en términos de vivienda y seguro social. Y digo asesoramos, porque eso ha sido: una asesoría, no una prestación. Nosotros cumplimos con lo que el gobierno exige y, por ello, ayudamos a nuestra gente a que sepa exigir lo que le corresponde por parte de las autoridades.

39

Pagar sueldos excesivos no necesariamente beneficia a la empresa. Al contrario, puede ser perjudicial porque, quien gana demasiado, tiende a volar por su cuenta. Más que el sueldo, son mucho más importantes y efectivos los alicientes de superación.

Jamás hemos sido paternalistas, pagamos lo mismo que pagan otros en el mercado. Nunca he creído que la empresa debe dar aumentos desmedidos de sueldos, prestaciones exageradas o pagos excesivos porque ello es una carga para la empresa, una carga que si hay crisis puede ser fatal. Además, en muchos casos, resulta ser una fuente de deslealtad, porque si alguien gana un sueldo que está por los cielos, siente que puede volar de manera independiente.

Más importante que el sueldo es tratar a los colaboradores con dignidad, brindarles la posibilidad de crecer, de sentirse útiles y de mejorar su condición. Quien siente que crece en una empresa, se siente mucho más agradecido con ella y, por tanto, se pone la camiseta con mayor entusiasmo que cuando el aliciente es sólo un pago cuantioso.

Por lo tanto, nuestro secreto en Bimbo no es ofrecer grandes sueldos ni generosas prestaciones, sino remunerar a nuestros colaboradores de acuerdo con sus capacidades, buscar la manera de ayudarlos a mejorar su condición, sin regatearles nada de aquello a lo que tienen derecho. Tenemos como máxima que sean socios con capacitación e información, socios capaces de sentir el negocio en el que trabajan como propio, socios felices de laborar donde lo hacen, socios que se superen y se sientan orgullosos de ser Bimbo.

40

Las empresas paternalistas están condenadas a desaparecer, el paternalismo es un suicidio lento.

Hace algunos años leí un artículo en la revista *Newsweek* en el que Steve Miller, presidente de Delphi, el mayor fabricante mundial de piezas de vehículos, cuyo principal acreedor era General Motors, señaló que su firma ya no podía absorber los altos costos laborales heredados: seguros médicos, vacaciones, pensiones y jubilaciones de sus 185 000 empleados en todo el mundo. Al constatar un déficit de 11 100 millones de dólares, anunció la bancarrota ante un tribunal de Nueva York.

Para mí fue una sorpresa saber que los gigantes industriales norteamericanos podían colapsar por haber aumentado temerariamente los salarios y las prestaciones. Aceptaron las presiones de sus sindicatos y encarecieron sus costos cuando menos tres veces más que los de su competencia. Surgieron así pequeños rivales domésticos y extranjeros que, por carecer de compromisos laborales u obligaciones previamente adquiridas, pusieron a temblar a los gigantes.

Miller aceptó que General Motors tenía una desventaja de 2 500 dólares en cada coche respecto a sus competidores, sólo por la manera en que fue cediendo a las demandas de sus trabajadores. Para mí ese artículo fue una lección. Constaté que, en materia de pensiones, hay que obrar con mucha prudencia.

41

Si no hay presencia, ejemplo y esfuerzo diario, no hay resultados. Sueldo y golf, lujos y gastos excesivos no caben en una empresa que tenga miras de futuro.

Soy de quienes creen en milagros, pero sé también que hay que trabajar duro, con rigor y disciplina para hacerlos realidad. Siempre he sido durísimo, no me importaba sacar de su zona de confort a quienes no alcanzaran las metas diarias. Cuidaba yo al centavo los gastos y el desempeño de la gente. A un gerente que me pedía que lo midiera por sus resultados porque exigía tiempo para jugar golf, le dije, con la debida consideración y respeto, que Bimbo no era para él.

Yo contabilizaba absolutamente todo. Desde las horas de trabajo, hasta el costo de las materias primas; la gasolina, el aceite, las reparaciones, llantas y engrase de los automóviles; las comisiones y sueldos; la propaganda; las mermas y faltantes; los impuestos y seguros; la renta, luz, agua y combustibles; la amortización del equipo y de la maquinaria a quince años; el rendimiento de cada pesada, los costos del celofán contabilizando cada envoltura. Todo estaba minuciosamente considerado a fin de evitar mermas o posibilidades de fuga.

42

Nadie tiene toda la verdad. Es vital tener socios que lo cuestionen a uno y que aporten apoyo, puntos de vista variados y acciones concretas. Quien no sabe escuchar, quien se proclama superhombre, se equivoca y tarde o temprano fracasa.

A finales de la década de 1950, Alfonso Velasco se encargó de la construcción de Bimbo del Norte. No sospechábamos que este hombre inquieto y creativo, a quien apreciábamos y teníamos enorme gratitud, consideraba ya otros planes. Ensimismado en su mundo, quizá convencido por sus hijos ya mayores —que habían trabajado en Bimbo sin éxito , comenzó a planear su camino independiente. En sus viajes a Monterrey se relacionó con el señor García, propietario de la panadería El Nopal, y pactaron asociarse para darle una dura competencia a Bimbo.

El 6 de marzo de 1960 inauguramos Bimbo del Norte y, meses después, Alfonso Velasco nos envió una carta comunicándonos su decisión de separarse para fundar Panificadora Mexicana. Traté de detenerlo, no podía concebir que se separara. Aunque él también era impositivo de carácter, siempre habíamos logrado acuerdos. Sin embargo, después de quince años de sociedad, esta vez estaba decidido. Hablé con él, le dije que si quería, se marchara, pero que siguiera siendo nuestro socio leal.

Alfonso argumentaba que quería abrirle un futuro independiente a sus hijos. Por cariño y gratitud, más que por temor, le rogué que no nos hiciera la competencia. No quiso escuchar. En Monterrey sacó el Pan Rey y el Pipiolo, pastelito parecido al Gansito. Roberto mi hermano y Víctor Milke, que estaban en Guadalajara, se trasladaron a Monterrey para darle una franca y dura batalla con agresivos planes de venta, promociones, concursos, ofertas y mucha publicidad.

La historia fue de supervivencia y resultó penosa. Nueve meses después de haber iniciado esta contienda, Alfonso Velasco me llamó para pedirme que le compráramos: Panificadora Mexicana estaba quebrada. Accedí. Esa batalla nos mermó, perdimos ventas y nos tomó algunos años conducir a Bimbo del Norte a cifras negras. Velasco se asoció después con los hijos del señor Fernández, de Pan Ideal, para intentar nuevamente competirnos. En una fábrica en Avenida de las Granjas elaboraban pan, pasteles Tip Top y el Pipiolo. No les fue muy bien y Velasco acabó por venderle su parte a los Fernández, mismos que luego se asociarían con la Continental Baking Company, quienes en 1964 lanzaron al mercado los productos Wonder, fábrica que también acabaríamos comprando.

Explicar lo qué pasó con el ingeniero Velasco me resulta difícil, no acabo de entenderlo. Quiso ser independiente y acabó con su futuro. Si él hubiera seguido con nosotros, habría sido un hombre próspero sin problemas económicos en su vejez. Se mareó. Creyó que podría sólo, que el éxito era de él, ¡no se dio cuenta de que la combinación de fuerzas fue lo que potenció nuestro éxito! Él aportó los conocimientos técnicos, pero carecía de la visión empresarial. A pesar de lo que hizo, siempre reconocimos que Alfonso Velasco fue motor fundamental de Bimbo. Recientemente le pedí a una de sus hijas una fotografía suya para colocarla en nuestras salas de producción, para recordarlo como fundador de la empresa.

43

Es un grave error supeditar todo el *know how* de una empresa a una única persona porque si ésta se separa o hay algún conflicto, la crisis puede ser severa, inclusive fatal para el negocio.

La salida del ingeniero Velasco nos enseñó que en una empresa no se debe tener gente irremplazable. Requeríamos formar una reserva técnica para no volver a quedarnos huérfanos. Tomamos la firme decisión de comenzar a preparar exhaustivamente a nuestros principales técnicos y, desde entonces, el American Institute of Baking, donde había estudiado el propio Velasco, se convirtió en la escuela por excelencia de los técnicos de Bimbo.

A diferencia del resto del alumnado norteamericano, panaderos prácticos, nosotros mandamos a especializarse a ingenieros y químicos con preparación universitaria y, en su gran mayoría, ellos se han distinguido como los mejores alumnos.

Esta trascendental decisión, de estar siempre a la vanguardia y preparados, nos ha permitido gozar de profesionistas de primera línea, tener un nivel técnico de excelencia y una calidad que sorprende a quienes nos visitan.

Crecer demasiado aprisa resulta peligroso. Al no tener tiempo para pensar, sopesar y madurar las ideas, al no ser prudentes para tomar buenas decisiones, necesariamente se cometen errores fatales.

En la misma época en que Alfonso Velasco dejó de ser nuestro socio, Jaime Jorba se regresó a España para fundar Bimbo. Tenía la ilusión de crear una empresa por sí solo y yo no lo detuve. Nuestro grupo no quiso distraer recursos fuera del país y, por lealtad, agradecimiento y relación fraterna —como amigo, socio y cuñado—, nos asociamos con él de manera personal.

Su empresa creció mucho y demasiado aprisa, cinco fábricas en dieciséis años, y no tardaron en aflorar conflictos de carácter obrero que se salieron de control. Al final, tuvo que venderle Bimbo España a nuestros socios norteamericanos, Campbell Taggart.

45

Los tropiezos son importantes para detener la marcha, para pensar, para bajarse de la nube y fijarse nuevos objetivos. Los fracasos a tiempo, si se asumen y capitalizan, resultan un sólido aprendizaje.

Uno de los errores que más lamento a nivel empresarial es no haber tenido la visión para comprar Sabritas cuando nos la ofrecieron porque, durante décadas, y aún hoy, nos ha dado una muy dura batalla en el mercado de las botanas.

El dueño original de Sabritas, inicialmente una empresa pequeña, nos ofreció en la década de 1960 vendernos su fábrica, pero yo me opuse. Creí equivocadamente que algún día podríamos desarrollar el mercado de botanas desde cero. Pensaba que era un error comprar negocios en marcha porque se heredaban vicios innecesarios y además se pagaba un sobreprecio.

Por supuesto que no tuve visión. Aquella persona acabaría por venderle su planta a Pepsico que, como filial de Frito-Lay, líder en Estados Unidos, desarrolló la marca Sabritas de una manera extraordinaria.

Tiempo después, en 1977, Kellogg's nos ofreció su fábrica de botanas en la ciudad de Querétaro, donde desarrollaban la marca Tigre Toño, que acaparaba la doceava parte del mercado. La compramos confiando en que con nuestra buena distribución podríamos fabricar y vender casi cualquier cosa. Creímos ingenuamente que con Barcel nos convertiríamos en líderes del mercado, pero Sabritas no nos dio respiro y sobrevivimos en condiciones muy precarias.

Ese acto de soberbia de nuestra parte nos costó muy caro. Fue el primer gran fracaso del grupo. Una experiencia dolorosa. Una lección de humildad que, a final de cuentas, resultó muy sana para evitar nuevos errores. Éramos panaderos y en el campo de las botanas no la supimos hacer.

Años después, en 1997, cuando yo había dejado la dirección de la empresa y había salido del Consejo de Administración, le ofrecí a Daniel, mi hijo, echarle la mano con un nuevo equipo humano para poner a Barcel y a Ricolino en números negros, una espina que tenía yo clavada. El equipo fue buenísimo y tuve mucho cuidado para no imponer mis ideas. Creamos los Takis, los Runners y una nueva línea de cacahuates.

No aspirábamos a ser el número uno en botanas porque reconocíamos que Sabritas era dueña de casi todo el mercado, pero sí logramos un lugar más decoroso con estos nuevos productos, mejorando nuestra productividad y mercadotecnia, replanteándonos nuestra misión, objetivos y organización.

El éxito trae incubado el germen del fracaso, uno acaba por creer que sabe y eso se convierte en una condena.

En 1994, cuando inauguramos el edificio corporativo, no pasaba un mes sin que recibiéramos llamadas y cartas de banqueros de inversión o dueños de grandes trasnacionales norteamericanas y europeas queriendo comprar el grupo. Les respondíamos que Bimbo no estaba en venta, pero insistían en que todo tiene un precio. No cejaban. Unos deseaban comprar, otros asociarse. Era una presión incesante. Nos quedó muy claro que la única manera de evitar ser engullidos por una trasnacional era abrirnos camino como trasnacional.

Los huecos se ocupan, si nosotros no comprábamos plantas y competidores, otros lo iban a hacer y nos darían una dura batalla. Sin embargo, a diferencia de la expansión nacional que obedeció de manera natural a la creciente demanda, el desarrollo internacional estuvo colmado de desaciertos. Vista la expansión de Bimbo en perspectiva, hubiera sido mejor ir más despacio, con mercados de prueba, comprando negocios locales, en lugar de crearlos. Esto yo no lo entendí a tiempo y nos costó mucho trabajo generar demanda y salir a flote.

A diferencia de Chile, donde sí compramos un negocio establecido, en países como Argentina, Perú y Colombia instalamos nuestras fábricas partiendo de cero y nos fue mal. No había consumo de nuestros productos y nos llevó demasiado tiempo recuperarnos.

Argentina fue nuestro Waterloo. Un estudio de mercado que mandamos hacer señalaba que el pan Bimbo y los pastelitos de Marinela gustaban y podrían ser aceptados por el consumidor argentino. Compramos maquinaria, equipo, camiones y publicidad, e inauguramos en 1995, pero, para nuestra desgracia, ¡el estudio de mercado estaba completamente equivocado! En Argentina tenían su Gansito: el alfajor. ¡No había gusto en el paladar argentino para comprar pastelitos empacados y fue un fracaso tremendo!

Hubo un momento en que teníamos 300 camiones parados, 300 vendedores contratados sin tener nada que hacer. Contra nuestra costumbre, nos vimos obligados a despedir a la gente. Fargo, nuestro competidor, era un monstruo con el 60% del mercado. Sin embargo, aguantamos, y sólo años después, con la crisis económica argentina, Fargo entró en suspensión de pagos. Fue más de una década de dura batalla en Argentina, seguida por la aguerrida competencia de los gigantes norteamericanos que no nos daban tregua. El secreto ha sido aguantar, resistir y tener al Osito Bimbo soportando nuestros experimentos.

Desconfío de los consultores externos porque, en general, son personas ajenas al negocio que repiten lo que uno ya sabe, o se equivocan porque tienen escasos conocimientos del negocio. Prefiero buscar otros caminos de análisis escuchando a nuestra propia gente.

Yo prefiero evitar a los consejeros consultores. ¡Es difícil imaginar cuántos malos negocios hemos padecido por creer en ellos! Hemos pagado muy cara la experiencia en Estados Unidos y América Latina, muy cara, porque durante años perdimos y perdimos dinero.

Tuvieron que pasar más de quince años para comenzar a salir a flote. Los famosos estudios de mercado, por ejemplo, fueron un gran fracaso porque dijeron que en Argentina había demanda para pastelitos y pan dulce y nunca la hubo. Aún hoy sigue siendo difícil crear y aumentar la demanda en ese país.

Aprendimos a desconfiar de los estudios de otros, y a fundamentar nuestras decisiones en análisis propios de las situaciones con base en nuestra intuición, en nuestras lecturas, haciendo altos en el camino para tratar de apuntar la mira con mayor certidumbre.

Cuando a una persona todo le sale bien se cree un triunfador invencible, un semidiós, y es peligroso porque se pierde el sentido de alerta, y del lugar más inesperado surgen los problemas.

No me percataba de lo soberbio, duro e inflexible que era yo. Era exigente conmigo mismo, pero también con la gente que trabajaba conmigo y lo lamento. Ahuyenté a más de uno, fui ingrato y cometí demasiadas equivocaciones. Obligaba a todos a trabajar sin tregua. La semana laborable de los jefes era de más de doce horas diarias, incluidos los sábados.

Hace algunos años Jaime Jorba recordó que a mediados de 1950, cuando después de años de trabajo y dedicación tomó sus primeras vacaciones, me envió una carta desde España diciéndome que ya no quería trabajar todos los sábados, que estaba cansado. Dice que yo le respondí: "En Bimbo no tienes otra alternativa, si no quieres trabajar todos los sábados, búscate otra ocupación". Y lo hizo. Sin desligarse del todo, se fue a fundar Bimbo España con la intención de ser independiente.

Jaime fue de una lealtad tan absoluta que no tengo palabras para reconocer lo mucho que me dio: en épocas decembrinas tenía un catre en la planta donde se quedaba a dormir. Yo no constaté que se sintiera sometido, ni que llevara una procesión por dentro. Se me ha ido olvidando lo terrible que fui, excesivamente dominante e intolerante. Al cabo de los años me siento en deuda. Reconozco que fui atrabancado y autoritario con respecto a mi tiempo y el de la gente que trabajaba conmigo. Jaime era muy querido por toda la gente de la empresa, seguramente yo resultaba antipático. Repetía, corregía, exigía y me creía más de la cuenta, quizá porque todo iba cuesta arriba siempre.

49

El interés simplemente mercantilista en los negocios deteriora el orden social, quebranta los valores de la iniciativa privada y genera una oposición innecesaria entre patrones y empleados.

Rechazo por igual a quienes creen que su única responsabilidad es producir y generar utilidades, y a quienes, en el otro polo, con un discurso de falsas promesas basadas en la lucha de clases y la aspiración a una igualdad utópica, sostienen que la empresa privada debe desaparecer. Este fraude tarde o temprano produce males mayores de los que promete remediar.

Defiendo a la empresa, pero insisto en la necesidad de una empresa socialmente responsable. Tengo más de medio siglo señalando que tiene una responsabilidad social mucho más amplia que proporcionar bienes o servicios a la sociedad. Su finalidad no es sólo la creación de riqueza para dueños y trabajadores, sino contribuir al pleno desarrollo de sus integrantes y promover los valores fundamentales de la sociedad.

El título más noble que puede alcanzar un empresario es ser llamado "creador de riqueza". El lucro no tiene por qué tener un sentido peyorativo, al contrario, crear riqueza no es sólo obtener utilidades, sino crear círculos virtuosos de crecimiento y equidad en beneficio del prójimo.

A lo largo de mi vida he vivido intensos cuestionamientos sobre cómo conciliar exigencias aparentemente contradictorias e irreconciliables, como ser cristiano y empresario, sacrificio religioso y esfuerzo irrenunciable. Ser dirigente de empresa nos exige luchar, tener previsión, interés económico, cálculo, racionalidad, ambición, disciplina y un riguroso uso de los medios para alcanzar los fines. Y ser cristianos, por el contrario, nos exige despreocuparnos del futuro, no alcanzar riqueza, ser generosos, desinteresados, tener misericordia y aferrarnos con locura a la cruz.

A mí me ayudó a reconciliarme conmigo mismo el evangelio de San Mateo que exige ser astutos como las serpientes y sencillos como las palomas. Entendí que, en un sentido moral, crear riqueza no significa sólo obtener utilidades. Si se aumenta dramáticamente la productividad y hay un espacio de cooperación, creatividad y desarrollo, empresarios y gobierno podemos coadyuvar a aminorar la brecha de la desigualdad, generar una mejor distribución de la riqueza y erradicar la pobreza extrema.

En países como los nórdicos o como Japón, Corea, Israel o Canadá se aplican políticas sistemáticas para mejorar la equidad, sin bloquear el crecimiento económico. A eso tenemos que aspirar.

51

Estoy en contra del capitalismo salvaje y en contra del socialismo marxista. Ni la libertad total del mercado, ni la excesiva acción del Estado.

Muchos de mis colegas empresarios sostienen que debería imperar el liberalismo económico y que es el Estado, y sólo el Estado, quien debe atender los problemas sociales para alcanzar una distribución más justa de la riqueza. Yo no lo creo y me resulta inmoral verlo así. Tan inmoral y erróneo como aquellos que, en el otro extremo, pugnan por la igualdad y la desaparición de la empresa porque, si el liberalismo salvaje tiende al egoísmo y a la anarquía, a la explotación del hombre por el hombre, el marxismo, por su parte, impone una dictadura totalitaria que genera la explotación del hombre por el Estado, reduciendo el problema humano a lo socioeconómico, a una lucha de clases implacable.

Creo en un régimen de economía mixta: tanta sociedad como sea posible, tanto Estado como sea necesario, porque ni el capital puede subsistir sin el trabajo, ni el trabajo sin el capital. En términos prácticos, gobierno y sociedad debemos unirnos en un frente común para erradicar la pobreza extrema y mejorar la distribución de la riqueza.

52

Los seres humanos somos iguales en nuestra dignidad, origen y destino, pero no así en nuestras facultades, capacidades y vocación existencial. Como consecuencia de ello siempre habrá diferencias y envidia entre quienes no soportan el éxito de sus semejantes. Resulta inevitable.

Debemos aceptar que hay y habrá hombres y mujeres superiores en inteligencia, voluntad, capacidad creadora y liderazgo, y que, aunque cueste reconocerlo, ellos deben ser mejor remunerados por ser creadores de riqueza. Injusto o no, ésa es la realidad.

Considero, sin embargo, una obligación moral de quien más tiene, de la iniciativa privada, aminorar la brecha: contribuir a crear una sociedad más justa, humana y fraterna, coadyuvar a una verdadera reforma social. Por el más elemental sentido de fraternidad y por la búsqueda de paz social, debemos pugnar por la reducción de esas desigualdades. En mi caso, mi lucha ha estado enfocada a servir a los demás: transformar a la empresa, encabezar una reforma social, hacer obras sociales concretas, lograr más por mis semejantes y más por México.

53

Los empresarios no podemos mantenernos inactivos, cerrar los ojos ante la presión de los problemas sociales. Si mantenemos una actitud apática, otras fuerzas, probablemente menos calificadas y muchas veces hostiles a la empresa, tomarán la iniciativa.

El gobierno, es cierto, debería destinar mayores recursos para educar y fomentar estrategias de desarrollo. Debería tener más visión para alcanzar mayor productividad, pero, aún con una sólida estrategia, resulta infantil considerar que se pueden atender todas las necesidades —seguridad, educación, salud y disminución de la pobreza— sin mayores recursos. Nuestra mínima obligación como empresarios es pagar con legalidad y transparencia nuestros impuestos para poder exigirle al Estado que se dedique a las tareas que le corresponden y que, por falta de foco, desidia o corrupción, muchas veces descuida.

Por otra parte considero que los responsables de la educación no sólo deben de ser los padres y la escuela, sino también la empresa privada. Nosotros, desde la fundación de Bimbo, decidimos dedicar una parte de nuestras utilidades para impulsar proyectos de educación, desarrollo rural y de apoyo a sectores desposeídos. Yo me encargué en cuerpo y alma de nuestro primer proyecto, una escuela a diez cuadras de la fábrica, en un terreno que nos regaló mi suegro. Ahí fundamos en 1955 la primaria Avenida Jardín, donde atendimos a niños de clase humilde y, para 1960, añadimos la secundaria, el Instituto Crisol.

Aún hoy, setenta años después, la primaria Avenida Jardín y el Instituto Crisol siguen funcionando con cerca de quinientos alumnos. Como la colonia mejoró y la puebla una clase social más alta, sólo subsidiamos parcialmente estas escuelas y los padres de los niños pagan una cuota. Con orgullo sabemos que algunos de los actuales alumnos son nietos de los primeros estudiantes de aquella primaria.

54

Las empresas —como nos lo hemos propuesto en Bimbo— deben ser altamente productivas y plenamente humanas. Ambas intenciones con el mismo peso: la efectividad económica y el sentido social.

La década de 1960 fue de efervescencia ideológica y mi preocupación social se acentuó con los planteamientos del Concilio Ecuménico Vaticano II, que asumía la opción preferencial por los pobres.

Opté por una mayor conciencia social tanto en mi vida personal como en la empresa, por un cambio de mentalidad, por una transformación social positiva y duradera sustentada en un mayor sentido de responsabilidad y, como no podía darme el lujo de ser un teórico o un hipócrita, pregonar reformas sociales y dar discursos de responsabilidad social de la empresa sin aplicarlos, Bimbo se convirtió en un fructífero laboratorio de transformación donde intenté ser congruente en pensamiento y acción.

Una de estas acciones fue la posibilidad de que nuestra gente comprara acciones de la empresa. A quienes trabajaban con nosotros y consideraban a la empresa suya —ejecutivos, directivos, obreros y demás colaboradores—, les dimos la oportunidad de comprar acciones a un precio justo y con facilidades de pago. Iniciamos esta política en 1960, a los quince años de haber iniciado el negocio. La única condición para la compra de acciones era que el trabajador contara con cuando menos dos años en la empresa, tuviera un buen desempeño y se comprometiera a revender sus acciones a Bimbo cuando dejara de prestar sus servicios.

Llegamos a tener diez mil accionistas entre nuestros colaboradores, y como año con año las acciones subían de precio por el crecimiento de la empresa, y luego por la inflación, la mayoría de los nuevos socios estaban satisfechos con su inversión. Inclusive algunos de ellos asistían a las asambleas anuales donde los directivos explicábamos los estados financieros, los trabajos realizados y los planes a futuro.

Nuestro equipo de trabajo era de primer orden y nos sentíamos orgullosos de haberles vendido acciones, de promover la divulgación de nuestra información para que participaran en la marcha de la empresa, en sus objetivos, planes, políticas y resultados. Los involucrábamos en la gestión, las utilidades y la propiedad de su capital y, satisfechos e incluidos en este clima de participación funcional, decidían, intervenían y se sentían plenamente partícipes de Bimbo.

Cuando nos hicimos públicos y entramos a la bolsa de valores en 1980, las acciones subieron de precio y muchos de nuestros colaboradores las vendieron entonces. En la actualidad muy pocos trabajadores aún tienen acciones de Bimbo.

55

M

is colegas empresarios, en su mayoría, me tildaron de "socialistoide". Se reían de mis utopías, pero yo seguí adelante convencido de que era necesario imprimir una visión más humana a la empresa. Mirar al otro, ofrecerle la oportunidad de superarse.

Muchos empresarios se burlaban de mí, de mis ideas y de lo que hacía en Bimbo. Especialmente les irritaban mis pronunciamientos en torno al cumplimiento cabal de la carga fiscal o mi sugerencia de asociar a los trabajadores en nuestras empresas.

Los conservadores me tildaban de izquierdista, y los progresistas, de derechista. Se ensañaban contra la Unión Social de Empresarios Mexicanos, en la que yo participaba, y luego contra el Instituto Mexicano de Doctrina Social Cristiana (Imdosoc), que contribuí a crear en 1982. Yo no los escuchaba. Insistía en seguir preparando a nuestra gente para ascender. Me mantenía activo sin levantar tanto la cabeza

—nunca acepté presidir instituciones empresariales, sólo organismos sociales—, esforzándome en unir, motivar y comprometer a otros empresarios para que imprimieran una visión más humana a su quehacer productivo, como lo hacíamos en Bimbo.

En 1980 tomé un seminario de marxismo y cristianismo en la Universidad Iberoamericana con el padre Pierre Bigó, un economista que había contribuido a fundar 15 centros de doctrina social cristiana en América Latina y dirigía el Centro Social Acción Popular en París. Sus palabras me cimbraron. Autor de libros como *Marxismo y humanismo, Doctrina social de la iglesia, Iglesia y Tercer Mundo* y *Fe cristiana y compromiso social* nos habló de Marx, de la experiencia socialista en Cuba y Chile, y de los puntos de convergencia y discrepancia entre el marxismo y la fe cristiana.

Como cristiano yo no aceptaba que la base de la existencia fuera la lucha, me parecía un contrasentido que la naturaleza dispusiera a los ricos y a los pobres para combatirse mutuamente. Una clase social espontáneamente no podía ser enemiga de la otra, había que pugnar por una nueva estrategia de cambio de las estructuras de la sociedad, por construir un sistema sobre el amor y la reconciliación. Con apoyo de Bigó y de un grupo de empresarios, fundamos el Imdosoc, una propuesta que inicialmente parecía utópica porque, desde el laicado, apostábamos a formar la conciencia social de ricos y pobres, de maestros y sacerdotes, buscar acercamientos y lazos de unión entre los distintos grupos sociales y religiosos, alejándonos del odio de clases.

A veces hay que atreverse a ser un Volkswagen que viaja en sentido contrario en la carretera. Es decir, tener la osadía de ir a contracorriente y pensar de manera independiente.

En el Imdosoc éramos criticados desde todos los frentes y muchos intentaban desanimarnos. Además éramos una institución de laicos al servicio de la Iglesia, sin depender de la jerarquía, y ello también nos colocaba en una situación vulnerable. No obstante, no nos amilanamos. Sin pedir un quinto a la jerarquía, seguimos insistiendo en una visión más responsable como empresarios y ciudadanos.

Independientemente de la religión que se profesara, o de la orientación al interior del catolicismo, en el Imdosoc nos inspiraban más los puntos de encuentro que los de ruptura y nos volcamos a dictar cursos y conferencias, editar publicaciones, organizar mesas redondas y debates enfocados a generar un diálogo fraterno entre los jesuitas y el Opus Dei, entre dominicos, sacerdotes diocesanos o franciscanos, entre las diferentes congregaciones religiosas y las variadas escuelas de teología. Fuimos formadores de maestros y sacerdotes, muchas veces ignorantes de lo social, y de empresarios que reconocieron nuestra visión para humanizar las empresas.

El objetivo era crear una fuerza común en el combate a la pobreza, generar conciencia de la necesidad de mayor presencia en la vida nacional, del compromiso en la política, de la humanización a fondo de la vida social y, sobre todo, del derecho a la libertad religiosa, que resultó uno de los puntos de avanzada porque coadyuvó a que, años después, se dieran los cambios constitucionales en materia de libertad religiosa.

57

No hay fe sin duda.

Más que asumir ciegamente los dictámenes aprendidos de la fe, yo me siento más cómodo con una fe crítica, con la rebeldía personal que conduce a hallar respuestas propias inspiradas en el respeto al otro y en la libertad personal. Nunca me he casado con ninguna corriente. He sido cercano a variados movimientos, congregaciones y obispos. Tengo excelentes amigos en todos los grupos religiosos, amigos a quienes estimo y admiro, pero soy más bien partidario de una orientación personal en materia espiritual y religiosa. No tengo ni he tenido director espiritual. No me gusta seguir a pie juntillas lo que otros dictan. Soy crítico, soy inquieto y he vivido serias crisis espirituales a lo largo de mi vida poniéndolo casi todo en duda. Por ello, hoy lo reconozco, no hubiera sido buen sacerdote, porque esa vocación exige grandes sacrificios y una lealtad ciega que, quizá, no hubiera sido capaz de soportar.

Sólo a partir de la muerte de mi esposa comencé a ir frecuentemente a misa como consuelo. Mi práctica religiosa ha sido débil, antes sólo iba los domingos, rara vez participaba en retiros espirituales y leía poco la Biblia. De hecho vengo de una casa poco religiosa, hice mi primera comunión con cierto retraso, hasta 1929, cuando en México reanudaron la libertad de cultos. Mi madre era devota, pero guardaba distancia con el clero y fueron las sirvientas quienes a mí y a mis hermanos nos inculcaron gran parte de la formación religiosa y la veneración por lo piadoso.

Fue el internado el que determinó mi fe. Esa fe a la que me he entregado con libertad de pensamiento, debatiéndolo todo conmigo mismo. Una fe que me permite dar a otros, llevar una inspiradora vida cristiana, aplicar una política de mayor justicia social en la empresa y mantener la esperanza en torno al mañana.

Nada en la vida es blanco y negro, nadie puede asumirse como dueño de la verdad. Sólo con la fecunda tensión de los polos se generan cambios en beneficio de la humanidad.

Cuando en el Imdosoc nos preguntaban qué línea seguíamos, respondíamos que más bien éramos una faja en la que cabían puntos de vista distintos, variadas posturas de pensamiento, a excepción de los extremos radicales. Pretendíamos impulsar la búsqueda y el cuestionamiento con la premisa de que nadie tiene toda la verdad: ningún grupo religioso, ni tampoco ningún grupo político. Me parece triste, absurdo, que en el ámbito religioso proliferen también posturas de geometría política porque cualquier extremismo, del tipo que sea, es indeseable.

Sosteníamos que nuestra responsabilidad como empresarios o como ciudadanos es detenernos a pensar. Tratar de conciliar los opuestos. La tensión entre lo que debe hacerse y lo que puede hacerse. La tensión entre la ética y la economía. La tensión entre la libertad y el orden. Entre el mérito y la necesidad. Entre el individuo y la igualdad colectiva.

Heráclito lloraba porque no podía conciliar las fuerzas opuestas, las dicotomías que polarizan. Sé que no es fácil, pero nuestro deber es intentarlo. Tratar de crear empresas altamente productivas y plenamente humanas. Empresas que humanicen la técnica y dignifiquen al trabajador. Empresas que no sean sólo el lugar en donde se produzca riqueza, sino también escenario de desarrollo y superación del ser humano. Empresas en las que los trabajadores sean socios en las utilidades y en el deseo de progresar.

La fecunda tensión de los polos puede incitar el cambio para que la moral tenga primacía sobre la técnica, el trabajo sobre el capital, y el hombre, sobre las cosas. Una economía que verdaderamente esté al servicio del hombre.

59

Muchos piensan que si siguen la fe religiosa y acatan el dogma encuentran la salvación, pero se olvidan del compromiso con el prójimo que, quizá, es aun más importante.

Vivo convencido de que nuestros graves problemas económicos, sociales y políticos se deben principalmente a la ausencia de una formación que pueda generar una convivencia más humana, ordenada, libre y justa. Es decir, nos falta una conciencia cívica y social: mirar al otro, velar por su desarrollo, ofrecerle un trato digno, estimular su crecimiento para aminorar la brecha entre ricos y pobres que tanto nos polariza.

Con el sustento del pensamiento social cristiano, una plataforma de ideas sociales que es aplicable a cualquier religión, he pugnado por el respeto a la dignidad de la persona, el bien común, la solidaridad —es decir, que todos quienes trabajan en la empresa sientan y vivan la empresa como suya— y la subsidiariedad, dar cada día más oportunidades de información y decisión a los niveles inferiores para promover su madurez y crecimiento, su responsabilidad y desarrollo en aras de alcanzar mayor justicia social.

60

Nuestros negocios no son islas solitarias. Hay que hacer productivos a los pobres para mejorar su calidad de vida y garantizar la paz social y, para ello, se necesita dinero y creatividad. Dinero que es ilusorio creer que saldrá de las arcas gubernamentales.

Siempre he pensado que es irresponsable e inmoral quedarnos en la inercia o en la indiferencia con respecto a la pobreza extrema. Por eso, cuando en 1962 un empresario tapatío nos dijo: "Asómense afuera de las bardas de sus empresas y tomen conciencia de la pobreza del campo", tomé esta consigna como un llamado y, junto con el padre Pedro Velázquez, que había creado cooperativas de ahorro y préstamo para gente humilde, viajamos un grupo de empresarios y yo a Tziritzícuaro, Michoacán.

Constatamos que el principal problema de los campesinos era la falta de crédito que los orillaba a pagar a los agiotistas hasta 10% mensual de interés, cuando el banco, si les hubiera otorgado el crédito, les habría cobrado apenas 1%. Para tratar de ayudarlos, creamos inicialmente un club de avales con 500 000 pesos. Dinero que permitió, a quienes voluntariamente se organizaron para impulsar un proyecto productivo, acceder a créditos bancarios. Visitábamos a los campesinos los fines de semana para supervisar el buen uso de los recursos, dialogábamos con ellos y les brindábamos consejos para que pudieran salir adelante. Para nuestra sorpresa, todos fueron pagando con absoluta puntualidad los préstamos que les habíamos dado y, ante nuestros ojos, comenzó a gestarse una transformación positiva.

En 1969 creamos la Fundación Mexicana para el Desarrollo Rural a fin de darle mayor proyección a nuestro esfuerzo. Para "sembrar trabajo" adoptamos un esquema chileno que auguraba transformaciones sociales mediante el impulso de proyectos productivos con base en cooperativas.

Más de medio siglo después, la Fundación Mexicana para el Desarrollo Rural sigue teniendo presencia. Hemos impulsado más de 4 000 proyectos productivos en casi toda la República Mexicana, enseñando a los campesinos a organizarse en cooperativas rurales que nosotros atendemos y asesoramos.

Han sido modelo los proyectos de ganadería lechera y de cultivo de maíz. En Tepatitlán, Jalisco, o en Celaya, Guanajuato, las cooperativas para leche de cabra y leche de bovino convirtieron la explotación lechera en una de las actividades productivas más importantes de la zona y aportan leche a Alpura. El Club de Maíz, por su parte, trabajó de la mano de Maseca.

61

Si el gobierno se comprometiera a no impulsar políticas cambiantes sexenio tras sexenio, si destinara mayores recursos para educar y fomentar estrategias de desarrollo, si tuviera más visión, podríamos ser un país productivo y no un país productor de braceros.

Los empresarios que nos hemos comprometido en la Fundación Mexicana para el Desarrollo Rural hemos comprobado que cuando se educa a un grupo de personas y se le responsabiliza de su desarrollo, inevitablemente mejora su rentabilidad. Sabemos, y hemos tratado de decírselo a los gobernantes, que para ser un país de mayor equidad hay que llevar financiamiento a los pobres, fomentar el autoempleo y las microempresas y, sobre todo, hay que educar, no sólo dando instrucción, sino formando el carácter de los educandos con principios y valores que contribuyan a su bienestar y superación.

Nuestro secreto ha sido creer en el hombre y la mujer campesinos, escuchar sus necesidades, sin imponer las nuestras. Nuestro impacto, sin embargo, en medio siglo apenas se acerca a poco más de 500 000 familias. Son muchos, pero en realidad son muy pocos. En la República Mexicana hay 17 millones de pobladores rurales viviendo en pobreza, es decir que, al paso que vamos, ¡tendrían que pasar siglos para lograr un verdadero cambio!

El Estado debería de ser nuestro aliado y aunque lo hemos intentado, sexenio tras sexenio, no logramos su compromiso. Los gobernantes están más ocupados en otras cosas, se marean, no movilizan recursos para educación ni tampoco para impulsar una política de desarrollo a largo plazo que contemple construir infraestructura de comunicación, transporte, riego y obras públicas. No han querido impulsar una política eficaz de desarrollo global que dé prioridad al campo y a su gente; es muy triste pero, por más que nosotros hagamos, jamás podremos sustituir la responsabilidad del Estado. Por eso me atrevo a decir que más que avance, en realidad ha habido un retroceso.

62

No me he mordido la lengua al decir que los empresarios debemos pagar fielmente nuestros impuestos, que debe haber una mayor equidad impositiva y que el Estado debe pugnar por la eliminación del fraude fiscal.

Nuestra mínima obligación como empresarios es pagar con legalidad y transparencia nuestros impuestos. Aunque a los empresarios nos sea difícil hablar de estas cosas, tenemos que hacerlo porque vivimos en sociedades con una brecha gigantesca entre ricos y pobres.

¡La pobreza extrema en nuestro país rebasa la cifra de 10 millones de personas! Esta situación clama a nuestra conciencia: observar las leyes, pagar fielmente nuestros impuestos, participar en la resolución de los problemas nacionales y, por supuesto, velar por la dignidad de nuestros trabajadores.

En Bimbo cumplimos cabalmente con las cargas fiscales y laborales, tal como las marca la ley. Nunca titubeamos en pagar nuestros impuestos y todas las obligaciones del contrato colectivo: Seguro Social, vacaciones, uniformes y claro reparto de utilidades. Obramos con justicia por convencimiento y, en la medida de lo posible, generamos una relación responsable y constructiva con nuestros colaboradores y con los líderes sindicales. Involucramos a la gente que trabaja en la empresa, los incentivamos a dar lo mejor de sí mismos y a sentir la empresa como propia. Muchos de ellos tienen la camiseta más puesta que nosotros mismos. Ése ha sido uno de nuestros secretos para evitar huelgas.

63

En México, los empresarios con visión de futuro hemos sido como "lagartijas apedreadas". No nos desanimamos a la primera, sabemos correr, escondernos, defendernos de discursos socializantes por parte de los políticos en turno y estar alertas, como las lagartijas cuando las quieren apedrear.

Nos tocó padecer la demagogia populista durante los regímenes de Echeverría y López Portillo, sexenios que abonaron la confrontación de lucha de clases, la amenaza latente de socialización basada en que "el rico despoja al pobre de lo que le pertenece". Durante esos arranques cíclicos de expropiaciones y creación de empresas paraestatales, los empresarios vivimos inquietud e incertidumbre. Muchos emigraron o sacaron su dinero del país ante el temor de que la violencia revolucionaria arrasara con todo.

Asustaron tanto a los empresarios con su discurso populista, apoyando la radicalización del movimiento obrero y el antagonismo de clases, que paralizaron la producción y muy pocos se atrevían a seguir invirtiendo en México.

En variados medios de comunicación, serviles del oficialismo, estos presidentes y sus subordinados azuzaron los ánimos y le echaron gasolina al fuego calificando a los empresarios de "conspiradores subversivos", culpándonos de los quebrantos económicos.

Ambos apoyaron un estatismo desbordado, la inflación creció en sus sexenios temerariamente, el déficit presupuestal aumentaba con la compra de numerosas empresas paraestatales, los precios y salarios escalaban a diario y, tanto los obreros como los directivos de las empresas, sufríamos el deterioro de la situación económica con la subsecuente caída de la producción y del ingreso.

Echeverría llegó a declarar en Monterrey que todas las medidas adoptadas no bastarían "para poner a los ricos a salvo de la ira del pueblo". En ese momento de incertidumbre, de enormes pedradas gubernamentales, en Bimbo construíamos la enorme planta de Azcapotzalco, la panificadora más moderna de Latinoamérica en aquel entonces. Nos daba miedo el futuro, pero no había manera de dar marcha atrás. Habíamos generado una enorme demanda en la Ciudad de México y desde principios de aquel sexenio, sin saber lo que nos depararía como nación, nos preparamos para un crecimiento muy fuerte.

Inauguramos Azcapotzalco en 1973, cuando el régimen de Echeverría cobraba vuelo y luego, soportando el vendaval con presidentes aún más populistas, alertas como lagartijas apedreadas seguimos invirtiendo en México. Siempre en México, a pesar de los malos gobernantes.

64

Ajustarse el cinturón no es una medida popular, pero es necesaria para mantener una economía exitosa o un negocio próspero. No hay que temerle a las medicinas amargas, sirven para curar los problemas de raíz.

Malos gobernantes como los que hemos tenido, gobernantes que no saben un ápice de economía y resultan incapaces de cumplir, han sostenido que es responsabilidad de los empresarios rendir a la inflación manteniendo los precios bajos. Un contrasentido.

López Portillo, después de una bonanza ficticia e irresponsable sustentada en los ingresos provenientes del auge del petróleo y del gasto público, fue incapaz de tomar al toro por los cuernos: ajustar la paridad, reducir el gasto público e imponer una política de austeridad. De manera irresponsable, optó por echarle gasolina al fuego ensañándose públicamente con los empresarios, ahondando aún más la desconfianza y la crisis.

Obligados por decreto a no subir precios a pesar de la inflación, en Bimbo tratamos de mantener la normalidad cuidando los costos. Suspendimos toda la publicidad del pan blanco para sobrevivir al control de precios que nos fue impuesto, esperando tiempos mejores.

Apelábamos a que el gobierno se dedicara a lo que le es propio: que saneara las finanzas del Estado, que aceptara que carecía de todas las respuestas, que debía consultar y dialogar, pero no había con quien hablar. Yo mismo intenté de mil maneras entablar un diálogo con el presidente López Portillo y con miembros de su gabinete, antes de que su gobierno optara por la nacionalización bancaria, la sindicalización de los empleados bancarios y el control de cambios, pero no oía. Yo insistía. No había con quien hablar.

Iba de torpeza en torpeza: abarató artificialmente el dólar, desalentó el ahorro, aumentó los salarios de los trabajadores cuando éstos ni siquiera esperaban percibir lo que se les dio. El Estado y las empresas estaban en crisis, ¡y él ofrecía aumentos cuando, por la disminución de sus ingresos, no tenía ni para pagarle a su propio personal!

El fracaso económico se veía venir y el gobierno sólo atizaba la espiral inflacionaria con subsidios y con inútiles controles de precios que lamentaría.

Todo por creer erróneamente que "un presidente que devalúa, se devalúa". Todo por no ser capaz de poner orden y ajustarse el cinturón de los gastos a tiempo.

65

De analfabetas económicos se ha poblado América Latina. La gente ha olvidado los alcances del populismo que hemos padecido, y aún hoy existe la tentación de sucumbir ante las soluciones fáciles.

Muchos de los gobernantes, con intenciones piadosas y mundos imaginarios, quizá con la mejor intención pero sin visión ni conocimientos, han ocasionado daños muy grandes.

Echeverría y luego López Portillo hubieran podido impulsar una política en favor de las mayorías populares, pugnar por la justicia social y una mayor equidad sin necesidad de abrazar fórmulas socialistas, ni resbalar al estatismo, pero tristemente no fue el caso. Padecimos años de retraso que se habrían podido evitar si al poder hubieran llegado hombres equilibrados y sensatos.

La fiebre estatizante de López Portillo lo llevó a comprar una gran cantidad de empresas quebradas que, sumadas a las 272 que le entregó Echeverría, daban la increíble cantidad de más de 1150 empresas estatales y paraestatales en números rojos.

La inflación llegó a alcanzar un desconcertante 459%, el tipo de cambio se elevó sin medida y la inestabilidad, falta de visión y déficit que alcanzamos en ese sexenio nos condenaron a la quiebra.

Para colmo, ante el fracaso de su política económica se desquitó con los empresarios y buscó un chivo expiatorio. La banca era una de las más profesionales y responsables del mundo, pero cargó con ella con un derroche de autoritarismo e irresponsabilidad. Aún más populista que su antecesor, culpó a la iniciativa privada de "saca dólares", cuando fue él con sus dobles mensajes y falta de visión quien motivó la crisis y suscitó una desconfianza generalizada que motivó una despiadada fuga de capitales.

Al analizar la historia, cuando menos la de México, es posible constatar que, si los populistas no hubieran llegado al poder, el país sería otro: sin miseria, en pleno desarrollo. Hemos perdido la batalla de México porque, al igual que sucede en casi toda América Latina, seguimos siendo uno de los países con mayor desigualdad del mundo. Un lastre que compartimos los hombres de empresa con los políticos que, en su mayoría, han probado ser malos gobernantes.

66

Los privilegios políticos contribuyen a ocasionar un problema económico que, a fin de cuentas, resulta ser un problema político mayor.

De la Madrid asumió el poder tras dos sexenios de populismo y franca crisis. Era un hombre de buena fe pero, por miedo a la izquierda radical con la que prefería ser condescendiente, no tuvo la fuerza necesaria para revertir los problemas estructurales del país. Por una prudencia mal entendida, no se atrevió a vender las empresas paraestatales ineficientes, quebradas y sumidas en altos niveles de corrupción, y esto fue profundizando la crisis.

Paralizado con sus temores, intervenía en la vida económica entorpeciendo y tornando aún más ineficiente la actividad productiva. Temía disminuir el gasto corriente y enfocar el dinero a obras urgentes que crearan empleo. Más de una vez le aconsejé que redujera el circulante inflacionario porque la productividad de nuestra economía ya no soportaba más. El ajuste no necesariamente implicaba congelar sueldos, sino eliminar el exceso de personal, las prácticas ineficientes, las jubilaciones desproporcionadas y la demasía de prestaciones abusivas, pero no se atrevía. Pesaba más la necesidad de ser condescendiente que el deseo de resolver el problema de fondo.

Sólo al terminar su sexenio, ya casi de salida, impulsó un afortunado Pacto de Estabilidad Económica y reconoció algunas de las propuestas que una y otra vez le hicimos. Este pacto que unía a empresarios y a la clase obrera —en el que desde el Consejo Coordinador Empresarial yo participé de lleno, inclusive contribuyendo a escribirlo— fue un acto de valentía del presidente y dio un respiro a la economía. En uno de sus últimos discursos, Miguel de la Madrid alentó a la clase empresarial mexicana y se animó a decir que el "neopopulismo mexicano era profundamente reaccionario, mentiroso y demagógico".

67

La confianza es el ingrediente fundamental en un país, en una empresa, en cualquier familia. Como le decía un viejo filósofo chino al emperador: en caso extremo se puede prescindir de armas y alimento, pero sin confianza se pierde el imperio.

Sexenio tras sexenio, desde Echeverría hasta De la Madrid, privó la desconfianza entre los ahorradores, propietarios, inversionistas y empresarios. Nos tornamos temerosos y desconfiados ante un doble discurso. Padecíamos una espiral inflacionaria sin fin y, como las empresas ya no tenían margen para absorber los aumentos salariales, éstos se trasladaban a los consumidores que se negaban a pagarlos. Con una mano se quitaba lo que se daba con la otra y, por más que se aumentaran los salarios nunca alcanzaba el dinero, el poder adquisitivo estaba deteriorado y la economía en franca contracción.

Era moralmente indebido lo que estaba sucediendo, además de que ya no teníamos con qué pagarlo. Sólo podíamos salir a flote si todos los grupos desarrollábamos una mística de unidad nacional, si recuperábamos la confianza de los ahorradores, la confianza de los inversionistas, la confianza del pueblo. Había que olvidar nuestras diferencias y rencillas, unirnos sin diferencia frente al enemigo común: la crisis. Sólo así podríamos salir adelante, sólo así.

68

Quien rehúye el conflicto, acaba vencido por él.

A los políticos muy a menudo les digo: "no le saquen", porque si uno se dedica sólo a aplacar al monstruo, éste inevitablemente crece y termina por aplastarlo todo. En cualquier ámbito —país, empresa o familia— si no se toma al toro por los cuernos, si no se enfrentan los problemas de raíz, si no se tiene la capacidad de negociar y de asumir decisiones difíciles, aunque éstas no sean populares, las crisis necesariamente se agudizan y lo que algún día fue un pequeño problema puede convertirse en tragedia.

69

Conciliar sin doblarse ni ceder en lo fundamental, será siempre mejor que la añeja cultura de la confrontación.

Creo en el diálogo para superar los conflictos. De hecho, ante la severa crisis que nos aquejó durante el gobierno de Miguel de la Madrid presionamos para generar pactos de estabilidad económica en los que la sociedad completa nos comprometiéramos a sacar al país del atolladero en que se encontraba.

El presidente, al verse sin más salidas, finalmente aceptó asumir un plan gradual que incluía el equilibrio de las finanzas públicas, una exigencia de los empresarios, con el congelamiento de precios y salarios, que demandaban los sindicatos. Entramos en una ronda de austeridad que incluyó la disminución del gasto público y del gasto corriente, sobre todo en materia de número de empleados, dobles puestos y corrupción. Durante cuatro meses todos nos amarramos el cinturón. Ese pacto y varios más subsecuentes fueron clave para restaurar la confianza y salir de la crisis.

Con Salinas de Gortari, un líder con visión, prudencia y capacidad de conciliación —salvo en el último año de su gestión—, se corrigió el rumbo dejando atrás la irresponsabilidad financiera, el populismo y los malos manejos en las empresas del Estado. Recuperamos el camino buscando conciliar con creatividad. Recuperamos la confianza en el Estado con un clima de paz, legalidad, disciplina y visión de futuro, bases de una auténtica democracia para todos los grupos sociales.

70

Los dioses se marean, creen tener más poder del que ya gozan y cometen errores lamentables.

Con respecto a Salinas, si fuéramos justos tendríamos que reconocer que, si no hubiera sido por su último año de gobierno en el que cometió errores cruciales que pesaron demasiado, este hombre debería haber pasado a la historia de México como un gran presidente, con visión de estadista.

Tuvo grandes aciertos: vendió las empresas paraestatales quebradas; rompió con el tabú del ejido, una institución intocable de la herencia revolucionaria; renegoció la deuda con Estados Unidos; se atrevió a promover una legislación en torno a la libertad de las iglesias y el culto público, una situación que se postergó por años; legitimó su poder encarcelando a La Quina y a Jongitud Barrios, líderes respectivamente del sindicato petrolero y del de educación, a fin de mostrar que no le temblaría la mano para tomar las medidas difíciles que el país requería.

Con él comenzó a haber una perspectiva de certidumbre y esperanza, modernizó al país, impulsó grandes reformas y gobernó con más orden, sin encono político ni agobio económico. Sin embargo, en el último año de su gobierno postergó las reformas políticas, se mareó en el Olimpo, perdió el rumbo y le dejó una seria crisis a Ernesto Zedillo, su sucesor. Como les sucede a muchos gobernantes, se engolosinó con su poder y dejó de ver. Dobló las manos en aras de evitar los conflictos y, como consecuencia de su titubeo, los problemas se hicieron más grandes.

En aquel 1994, colmado de tropiezos, no quiso reconocer que era necesario devaluar la moneda, dejó de escuchar y lo abrumaron problemas económicos y serias crisis políticas. Al levantamiento zapatista, en enero de 1994, siguieron el magnicidio de Luis Donaldo Colosio, candidato del PRI a la presidencia, y el asesinato de su excuñado José Francisco Ruiz Massieu, secretario general del PRI. Sucesos trágicos que, sumados a la incertidumbre de la sucesión presidencial, desquiciaron la confianza y agudizaron el clima de inseguridad.

71

En tiempos de crisis —más de una vez he dicho en broma— sólo hay de dos sopas: o nos levantamos en armas, o nos levantamos más temprano. Así es que, jóvenes, les recomiendo madrugar. Siempre madrugar.

Cuando en 1994 se suscitó el "error de diciembre", una de las crisis más severas que hemos vivido en México, no se veía claro cuál iba a ser el futuro del país y en conferencias en el Instituto Panamericano de Alta Dirección de Empresas (IPADE) continuamente les decía a los jóvenes esa letanía en la que creo: ante la crisis no hay de otra sopa más que trabajar y seguir adelante.

En aquel momento, impotente ante las presiones devaluatorias, el Banco de México había tomado tardíamente la necesaria decisión de dejar flotar libremente el tipo de cambio. De 3.47 llegaría hasta los 10 pesos por dólar y, en algunos casos de histeria y abuso en el interior de la República, se documentaron casos de gente que llegó a pagar hasta 30 pesos por dólar.

Había sobreendeudamiento de empresas, familias y ahorradores. Los bancos dieron visos de insolvencia y el desempleo abierto de la población económicamente activa llegó a más del doble en seis meses. Entre diciembre de 1994 y febrero de 1995, la bolsa de valores se desplomó 42.9%. Se acabó además el crédito de la banca comercial para las actividades productivas y los intereses subieron al cielo, casi triplicados.

Los negocios mexicanos que teníamos deudas en dólares o que comprábamos suministros de los Estados Unidos sufrimos un golpe inmediato. Algunos, con deudas millonarias, se declararon en suspensión de pagos y las quiebras fueron generalizadas. Hubo despidos masivos de empleados y dolorosas pérdidas de patrimonio. Para empeorar la situación, los inversionistas extranjeros huyeron del mercado mexicano. Como si la crisis de 1982 no hubiera sido suficiente, ahora revivíamos aquellos años aciagos con estragos aún peores. La inflación estaba desbocada, la moneda devaluada y las tasas de interés en las nubes.

El presidente Ernesto Zedillo, un buen economista que se estrenó en el poder con esta crisis, finalmente controló la situación. Los mexicanos tenemos mucho que agradecerle, de Echeverría a Salinas, el suyo fue el primer sexenio que terminamos sin sobresaltos. Antes íbamos de tumbo en tumbo, entre caídas y nuevas esperanzas.

72

Con el paso de los años, me he convencido de que en política, con un necio sentido del deber, deberíamos involucrarnos todos: desde empresarios hasta amas de casa. Debemos estar informados, participar y escrutar el quehacer de los gobernantes.

Desde hace algunos años, y después de ver que pasan los sexenios y no se impulsan las reformas sustanciales que México requiere —porque Fox y Calderón tampoco lo hicieron—, pienso que ya es hora de que los ciudadanos latinoamericanos asumamos el reto de la democracia y nos atrevamos a vencer el temor de involucrarnos en actividades cívicas. Mi llamado ha sido en todos los frentes posibles, desde empresas hasta universidades e iglesias.

Es inmoral pensar que ante los problemas que nos aquejan la responsabilidad sea sólo del Estado. Deberíamos involucrarnos más en el ejercicio público porque muchos de los gobernantes, verdaderos analfabetas económicos, han tomado decisiones a sus anchas por nuestra complicidad silenciosa. Nos urge una sociedad civil más participativa y si no nos arriesgamos, no avanzaremos.

73

Los empresarios deberíamos tener el coraje y la valentía de transparentar nuestros apoyos y militancias, comprometernos abiertamente en materia política a fin de evitar el mal uso de favores y chantajes que, eventualmente, sólo generan prebendas y desestabilización.

Con la intención de no sólo criticar, sino de comprometerme y ofrecer un camino, en 2005 me empeñé en buscar un candidato eficaz y con visión que, sin amarres, estuviera decidido a emprender las reformas que impulsaran a México a salir del estancamiento económico, tal como hicieron Irlanda, Corea del Sur o Taiwán.

Retirado de la dirección general de Bimbo desde 1981 de la presidencia del Consejo de Administración desde 1994, y del Consejo mismo desde 2002, me sentí libre de ataduras o compromisos que pudieran obstaculizar mi deseo de transformar a México.

En cualquier otro momento llegué a pensar que una abierta afinidad política hubiera generado auditorías, represalias, daño patrimonial y presiones para la empresa, pero intuí que gracias a la recién inaugurada democracia del país, a mi edad y con mi independencia, podía hablar abiertamente de aquello en lo que creía. Finalmente en Bimbo ya sólo era un 'ex': exdirector, expresidente, exconsejero.

Me abrí a cualquier propuesta —en mi mesa tengo hijos con variadas posturas políticas— a fin de encontrar un buen candidato para México. Un empresario tapatío me presentó a Alberto Cárdenas Jiménez, exgobernador de Jalisco, y me gustó por franco y sensato, por su estirpe popular, que podría despertar simpatía en el electorado pero, sobre todo, porque durante su gestión dio resultados. Viví momentos de duda y desaliento. Pregunté, vi números, estudié programas y concluí que para gobernar no se necesitan genios, basta con ser eficaz. Cárdenas Jiménez había dado resultados como alcalde y gobernador, y no había perdido ni una sola batalla.

Me decidí a darle mi apoyo. Abierta y públicamente lo expresé ante los medios de comunicación. Era insólito. Nunca antes un empresario había mostrado una abierta afinidad política con un candidato, menos aún con uno casi desconocido. Buscábamos el triunfo, primero en las elecciones internas del Partido Acción Nacional, y luego, en la clección nacional. Si llegaba, le dije, lo acompañaría inclusive en las giras.

74

No pierde el que pierde, sino quien no es capaz de luchar.

Deposité en Alberto Cárdenas expectativas y gran entusiasmo. Aporté recursos, ideas y contactos. Lo presenté con líderes de opinión, empresarios, y miembros del PAN, pero su campaña nunca despegó. No era buen orador y no hizo los amarres políticos a tiempo. Sabía gobernar, estaba yo convencido de que tendría la lucidez y la valentía para impulsar las medidas difíciles que México necesitaba, pero le faltaba cultura, sensibilidad política y refinamiento.

En la elección interna del partido, en octubre de 2005, Cárdenas quedó rezagado en tercer lugar y sufrí la amargura de la derrota. A las cosas hay que decirles por su nombre: fue una derrota, una de las primeras en mi vida. Llamé a cerca de cien personas amigas para ofrecerles una disculpa. Mi sorpresa fue que ninguno se arrepintió de haberme seguido en esa aventura y de habernos apoyado. Alguien me dijo esa frase que tanto me gusta: "No pierde el que pierde, sino quien no es capaz de luchar".

Esta fallida incursión me permitió convencer a personas de muy diversos sectores, desde empresarios hasta amas de casa, para que se involucren, se mantengan informados y escruten el quehacer de los gobernantes. Hubo quien se rio de mí, quien me insistió que estaba equivocado, pero la mayoría escuchó y tomó postura. Aprendí que no basta saber gobernar, sino que se debe de tener la capacidad de convencer. Me curtí con los errores y esa experiencia me permitió seguir andando.

75

Nuestro problema
como sociedad es la
falta de verdaderos
líderes que sean capaces
de conseguir resultados
extraordinarios con hombres
ordinarios.

Tras las fallida incursión del Caballo Negro, como apodamos a Alberto Cárdenas —retomando el símbolo del caballo negro de Benjamín Disraeli: un ilustre desconocido que arranca a todo galope y alcanza el triunfo—, alguien en la prensa comentó que era de extrañar que "don Lorenzo, tan sensato", se hubiera atrevido a apadrinar esa locura, pero esta incursión política fue un episodio muy importante en mi vida.

Aunque más de uno me diga que deje de soñar y de involucrarme en locuras, no me conformo con lo que veo de México, un país con todas las potencialidades, al que tanto quiero, que tanto me ha dado, estancado por miopes y estériles conflictos. No nos lo merecemos, tenemos que cambiar el rumbo y, para lograrlo, no podemos seguir pasmados y a la espera.

Quizá lo que más me duele es que carecemos de líderes soñadores que tengan amor por sus semejantes, fortaleza y humildad, integridad, inteligencia y prudencia. Desgraciadamente hay muy pocos, pero creo que hay que insistir. No debemos darnos por vencidos. Sigo creyendo que llegará quien impulse la transformación cultural, social y política que tanto requerimos. Estoy además convencido de que tenemos que seguir interviniendo en el ámbito político. Tenemos que obligar a nuestros gobernantes a servir, a transparentar sus gestiones, a ejercer el poder con más responsabilidad.

76

Es momento de desacralizar los tabúes: revolucionario o liberal, un buen gobernante debe tener objetivos claros para aumentar la riqueza y el bienestar, lograr el crecimiento, alcanzar una mayor equidad en la distribución del ingreso y mantener el clima de libertades, sin confrontaciones estériles.

Entre un político y otro puede haber un abismo. Yo no creo en los líderes mesiánicos: rompen con todo, no establecen la continuidad, se encumbran tanto en el poder que no forman equipo, despiertan desconfianza y, a la postre, suscitan retrocesos que dan al traste con el futuro de cualquier país.

Un buen líder, por el contrario, es primero entre los pares, es quien no hace grandes distinciones entre él y sus colaboradores. Forma equipo y trabaja en él, tiene imaginación para soñar y capacidad para contagiar a otros su entusiasmo. Sólo así se garantiza el crecimiento y la continuidad a futuro.

77

Debemos exigirle enérgicamente al gobierno que sea productivo. Cuando en una empresa no se corrige la ineficiencia, quiebra. No así en el gobierno que, con nuestra complicidad, se mantiene improductivo y sin rendir cuentas claras.

Me preocupa México y estoy convencido de que es inmoral creer que toda la responsabilidad es del Estado. El reto de empresarios y gobernantes es generar más riqueza, mejor educación, trabajos más calificados. Si no impulsamos proyectos a largo plazo, como país quedaremos aún más rezagados en el reacomodo de la economía mundial.

No podemos seguir postergando las reformas sustanciales en términos de seguridad personal, patrimonial y jurídica de los mexicanos; en materia de educación; con respecto a la productividad y al desarrollo económico; y en términos de desigualdad y pobreza.

Esos, a mi entender, son los cuatro problemas principales de México. En últimos años, consciente de que los partidos ya no satisfacen las necesidades de los mexicanos, he incitado a la sociedad civil a participar en Más Ciudadanía, un movimiento civil, no partidista, no confesional, incluyente y propositivo que, como un catalizador, pueda servir para unir y potenciar los esfuerzos de muchos mexicanos para construir un México mejor. Algo tenemos que hacer, no es éste el país que merecemos.

78

Quien se encierra, quien no sale a dialogar para aprender cómo es que otros resuelven problemas, quien no busca alianzas se condena a una soledad inútil, infructuosa e innecesaria.

La intensa relación con otros colegas empresarios ha sido para mí una escuela intensiva de aprendizaje que me ha permitido impulsar programas en Bimbo y probar que es posible apuntar al cambio con pragmatismo y resultados. En la década de 1960 participé en la Cámara Nacional de Comercio, en la Confederación Nacional de Cámaras de Comercio y en el Consejo Mexicano de Hombres de Negocios, donde pude analizar cómo otros consiguen resultados. En esos organismos gremiales aprendí cómo buscar socios, cómo negociar, cómo lograr consensos y acuerdos. Entendí los mecanismos de concertación para problemas sectoriales y nacionales, cómo funcionan las asambleas, las comisiones y los consejos para alcanzar fines institucionales. Ya luego, una gran enseñanza fue el Consejo Coordinador Empresarial (CCE), que se fundó bajo el liderazgo de Juan Sánchez Navarro en 1975, cuando se unieron los empresarios para resistir la radicalización del movimiento obrero y el antagonismo de clases que promovía Echeverría. Antes de ello, quien se atrevía a cuestionar al gobierno padecía las consecuencias de su desacato.

El CCE, un gran acierto que permitió enfrentar al autoritarismo gubernamental, se fundó para ser un escudo de defensa, una cúpula de cúpulas que congregara a los líderes de la Concanaco, Concamin, Coparmex, la Asociación de Bancos de México y la Asociación Mexicana de Instituciones de Seguros, en esos tiempos de autoritarismo, ilegalidad y miedo en que proliferaban los secuestros, la expropiación de tierras, los enfrentamientos violentos. Yo me incorporé hasta 1981 como vicepresidente durante la presidencia de Manuel Clouthier, y me quedé trabajando durante una década con posiciones discretas de bajo perfil. Me sirvió para dialogar, aprender, conciliar y participar en el desempeño económico y político de México.

79

Un negocio no se hace pensando en venderlo, se lucha y se construye para toda la vida. Venderlo es como perder a un hijo.

Más de una vez intentaron comprarnos la empresa y siempre nos negamos. Desde 1950 unos texanos lo intentaron con una tentadora oferta y no aceptamos escucharlos. Les dijimos claro que Bimbo no se vendía. En aquel entonces los fundadores teníamos poco más de treinta años, un negocio con posibilidades de crecer y un futuro prometedor con la empresa. A ningún precio vendíamos, era como cortarnos un brazo, como perder un hijo. Luego, cuando Roberto mi hermano fue director del grupo, insistía que había que salir para crecer, para evitar la competencia que pudiera mermarnos, para no perder oportunidades de crecimiento a futuro, para que otros no intentaran engullirnos o minimizarnos.

Yo no tuve esa visión, seguía sin querer invertir fuera de México y, con cierto temor a lo desconocido, acepté la decisión de Roberto de entrar a otros países. Él, sin embargo, tenía razón. De entonces a la fecha, la opción ha sido seguir creciendo, diversificarnos comprando a otros, abrir nuevas plantas, crear más productos, implementar más redes de distribución. Dedicarnos a lo que sabemos hacer utilizando el mismo sistema: más territorio, más mercado, más en la rama del pan, en la de los pasteles que traíamos en la sangre, y en nuevos productos que se han añadido a nuestra marca.

80

Los negocios familiares entran en crisis cuando se asignan los puestos directivos por solidaridad, más que por competencia.

En un negocio familiar, un hijo no debe ser jefe por el simple hecho de su parentesco. Sólo quien tiene capacidad de liderazgo, conocimientos y vocación de servir debe dirigir. Los hijos deben formarse desde abajo y sólo los que demuestran capacidad deben ir ascendiendo, porque ninguna empresa resiste los ascensos gratuitos. Evitar estas designaciones es una ley de hierro.

En nuestra empresa nos interesa que sea alguien de la familia quien dirija en la próxima generación y, como somos tantos, debería haber ya muchos posibles candidatos para suceder a Daniel mi hijo, llegado el momento. Sin embargo, son pocos, quizá sólo tres o cuatro nietos o nietos políticos quienes están interesados y hacen méritos para ascender. Son jóvenes que han hecho maestría de negocios en el extranjero y han ido escalando peldaño tras peldaño, midiéndose con el trabajo, la visión y la entrega. Hoy dirigen algunas de las empresas del grupo en el extranjero. Es cuestión de tiempo ver cómo se perfila su desempeño.

81

Para lograr una transición plena y legar la responsabilidad a una nueva generación, hay que atreverse a tomar decisiones heroicas a tiempo, decisiones que, aunque sean difíciles, garanticen la paz familiar y la continuidad empresarial.

En una empresa familiar es muy difícil lograr la continuidad sin contratiempos. Ése, quizá, ha sido uno de nuestros grandes logros en Bimbo: designar sucesores capaces, impulsar transiciones generacionales exitosas y decisivas tomando en cuenta a la empresa y a la familia.

Al día de hoy, a setenta años de la fundación de Bimbo, lo hemos logrado de manera más o menos ordenada con tres etapas claramente diferenciadas, cambios que han mantenido la continuidad en ascenso de nuestro grupo. De 1945 a 1981 estuve yo al frente de la dirección general. De 1981 a 1997 recibió la estafeta mi hermano Roberto, una cita puntual porque era el colaborador más antiguo de la empresa y quien, desde los diecisiete años, acumuló más de seis décadas de trabajo sin interrupción. Y la tercera etapa inició en 1997, cuando asumió el reto mi hijo Daniel.

Legar la dirección a mi hermano Roberto fue una transición esperada y necesaria. Fluyó sin el menor contratiempo y, bajo su liderazgo, se gestó el crecimiento e internacionalización de Bimbo en la década de 1990, con plantas en América Latina y Estados Unidos. Roberto, mi hermano, tuvo tres vicepresidentes: a Daniel mi hijo, a Roberto su hijo y a Mauricio Jorba, hijo de Jaime, a fin de ir preparando a la siguiente generación y que alguno de ellos se se fuera perfilando como líder. Los tres tenían amplia trayectoria en la empresa. Daniel había hecho una maestría de negocios en Stanford, participó abriendo mercado en California y fue gerente de Bimbo Hermosillo. Roberto, egresado de Northwestern University, fue director de vehículos, gerente de Tía Rosa, director de los molinos y las procesadoras de frutas (agrupadas como Organización Altex) e impulsor de la expansión en Estados Unidos. Mauricio, cuyos estudios en Inglaterra quedaron inconclusos, fue gerente de Panificación Bimbo y director de Organización Bimbo.

Como vicepresidentes —cargo que asumieron en 1994, meses antes del error de diciembre y de la inauguración del edificio corporativo de Bimbo— Daniel se haría cargo de Barcel, Marinela, Ricolino y la expansión en Latinoamérica. Mauricio, de Bimbo México. Y Roberto, de Altex y las plantas en Estados Unidos. La crisis de aquel diciembre de 1994 nos tomó desprevenidos, Bimbo estaba endeudada comprando empresas en el extranjero y las ventas comenzaron a decrecer. Entre los tres vicepresidentes no tardaron en aflorar distintos estilos de liderazgo, a veces irreconciliables, sobre todo entre Roberto hijo y Daniel, porque Mauricio Jorba optó por regresarse a vivir a España.

En 1997 los socios votaron por el liderazgo de Daniel. Con el deseo de capotear la crisis y evitar mayores fricciones, Daniel tomó la decisión de focalizarse sólo en la industria del pan. Sugirió vender los cinco molinos de harina, las procesadoras de fruta Frexport, la planta de metalmecánica, Moldex, fabricante de moldes, y Plastimarx, productora de charolas y bandejas de plástico para los productos de la empresa. Mi hermano Roberto, entonces presidente del Consejo de Administración de Bimbo, se opuso a la venta. Eran las empresas que él había creado y consolidado. Yo tenía mis dudas acerca de qué era correcto hacer. A mi parecer los molinos sí eran estratégicos, pero ponderé la situación, entendí que había un conflicto de liderazgo insalvable y asumí una decisión difícil: dividir al grupo pensando en la empresa, velando también por el futuro familiar.

82

Cuando hay problemas yo siempre sigo cuatro pasos fundamentales: ver, analizar, juzgar y, sólo después de pensar, plantear soluciones concretas.

Tras sopesar que sin un líder sólido iba a ser difícil garantizar el futuro de Bimbo, hablé con mi hermano Roberto y le dije: "Tú y yo estamos hoy aquí, pero el día en que faltemos, nadie podrá asegurarnos que nuestros hijos se entenderán. Es momento de aprovechar esta oportunidad para resolver un futuro conflicto de poder". Mi decisión fue enfrentar el conflicto anunciado, porque posponerlo sólo hubiera acrecentado el problema hasta que fuera tan grande que no tuviera solución. La decisión de separar el negocio fue providencial, lo mejor para todos.

Roberto Jr. se entusiasmó con los molinos de harina y la procesadora de fruta. Como la venta representaba demasiado dinero, consiguió préstamos millonarios en dólares que garantizó con los activos. Con mayor libertad de acción ha logrado expandir Grupo Altex en el mercado y consolidarse como uno de los grupos agroindustriales más importantes en México. Daniel, por su parte, ha apostado por el crecimiento de Bimbo aprovechando los mercados internacionales, incluyendo Asia y Europa y, a pesar de los momentos difíciles, ha logrado su objetivo: que Bimbo sea el líder mundial en panificación.

83

Un sólo consejo le di a Daniel cuando tomó la dirección del grupo: que el director de personal le reportara siempre directamente a él, sin intermediarios.

Entendió lo importante que es conocer las cuestiones laborales de primera mano y me hizo caso. El personal merece toda nuestra consideración y uno debe escuchar de primera mano sus opiniones y quejas, sin que haya burocracia de por medio. Ello evita que los problemas se magnifiquen de manera innecesaria si uno no responde a tiempo, amén de que se gana uno la confianza y colaboración de quienes laboran en la empresa.

84

Soy un defensor de la mujer, me opongo rotundamente a quienes piensan que contratar mujeres es comprar un problema.

Aunque soy un hombre chapado a la antigua y nunca alenté a mis hijas a dirigir la empresa —tuve seis hijas antes de que llegaran Lorenzo y Daniel—, he cambiado gracias a lo mucho que ellas me han enseñado. Cada una de ellas me ha dejado una huella de admiración y cariño, una impronta de ternura que sólo la mujer puede expresar. Soy muy privilegiado por tenerlas, seis seguiditas y tan distintas. Es ésa una de mis grandes satisfacciones. Hoy sé que las mujeres son más responsables, más cuidadosas e insustituibles.

En Bimbo tenemos mujeres repartidoras y también hay mujeres que ocupan altos puestos directivos, algunas emprenden la difícil tarea de ser madres con la obligación de llevar el sustento a su casa. Las hay ejerciendo puestos como gerentes de fábrica, de personal y de publicidad. Creo en la mujer y estoy convencido que no hay derecho de que continúe la discriminación que han enfrentado históricamente.

85

Considero anacrónica y obsoleta la geometría política de izquierda y derecha. Yo soy una extraña mezcla de conservadurismo, liberalismo y socialismo; un hombre que desconfía de los mesianismos, del color, tendencia o religión que sean porque cualquier extremismo me parece fatal para la humanidad.

Me incomoda que me encasillen, que me tilden de derechista, conservador o clerical. Yo jamás me he considerado socialista, aunque mis amigos empresarios así me etiquetaban por mi vocación para alcanzar una mejor distribución del ingreso y erradicar la miseria. Tampoco me siento de derecha, porque no acepto el liberalismo sin freno. Y a pesar de que mi esfuerzo social tiene una inspiración cristiana, he pugnado por mantener un espíritu crítico, por generar un ambiente de tolerancia con base en mis propias convicciones en materia espiritual y religiosa.

En general quienes adoptan posturas maniqueas con respecto a mi persona son gente mal informada, gente que no me conoce y me juzga sin fundamento. Si me llegaran a exigir que defina mi posición en el espectro político, les respondería que no me gustan los "ismos" ni las etiquetas. Me siento más cómodo en el centro del espectro político y con la vanguardia ideológica. Estoy a favor de conservar los valores permanentes como la fe, el trabajo, la responsabilidad o la libertad y, al mismo tiempo, soy un hombre moderno y de vanguardia al pugnar por los cambios que la vida moderna exige.

He tratado de vivir así, manteniéndome sólido en mis principios y en franca vanguardia con respecto a los cambios que exige la vida moderna. Me gusta pensar como hombre de acción, y obrar como hombre de pensamiento. Ese concepto de Henri Bergson ha sido mi credo.

86

A la humanidad le ha costado mucho salir de la barbarie y, si somos responsables, deberíamos pugnar por no retornar a ella. Los medios e internet se han vuelto un poder demasiado grande para la democracia y ésta no sobrevivirá si no limita los abusos de este poder.

Cuando yo nací, en aquella época en que usábamos fogones de carbón y leña, cuando el cine era mudo, no había televisión y la radio estaba plagada de estática, la familia era un factor primordial en la educación de los hijos. Hoy, con numerosos canales de comunicación e inmediato acceso a internet, ya nada es igual.

Los medios de comunicación e internet tienen quizá más influencia que la familia misma en la educación y la formación de valores. Hay quien dice que los contenidos de la televisión o de la computadora entran sin permiso, tiran la puerta, se meten por la ventana y se instalan en nuestras casas. Desgraciadamente estos medios se han deslindado de cualquier responsabilidad social, su libertad ha sido absoluta y muchas veces inmoral. Pienso que deberían de contribuir a la educación, cultura y desarrollo humano de la sociedad y que, como sociedad, deberíamos limitarlos. Lo vulgar, lo perverso y la proliferación del odio a otros no debería ser "normal", ni ser aceptado.

87

Censurar es tabú, es políticamente incorrecto, pero no dar límites a la libertad de expresión es una de las paradojas más reveladoras de la fragilidad de la democracia.

Hoy no hay nadie que se atreva a estar a favor de la censura porque corre el peligro de sufrir condena general. El papel de moralizador es incómodo y mal visto, pero debemos tener el valor cívico para decir con claridad lo que pensamos. Con demasiada facilidad, quienes hablan, escriben, enseñan o entretienen hacen una defensa cerrada de la libertad de expresión sin restricciones de ninguna especie y advierten de inmediato el peligro de "la mordaza", pero el binomio entre libertad y responsabilidad es muy extenso y debería tener límites.

Por los excesos que impusieron los regímenes fascistas o autoritarios, todo lo que tiene que ver con límites, restricciones y disciplina se ve con temor y desconfianza, pero una convivencia pacífica y civilizada los requieren.

Es cierto, sin libertad de expresión no hay progreso científico, creación artística o desarrollo político y económico; el mejor ejemplo de ello es el estancamiento al que condenaron a sus pueblos los autoritarios dictadores de izquierda y de derecha en el siglo XX. Sin embargo, en uso de la libertad de expresión, ¿puede alguien enseñar a los niños a torturar a sus compañeros? ¿Puede incitar al robo, al odio o a la violencia? ¿Puede enseñar a hacer explosivos y emplearlos con fines terroristas? ¿Puede invitar a mi hija a prostituirse? ¿Puede insultar, calumniar o difamar?

La barbarie no puede justificarse en uso de la libertad de expresión y es el Estado quien debería intervenir porque por exceso de libertad corremos el riesgo, en aras de la tolerancia, de ser víctimas de minorías y sufrir la calumnia o la invasión de nuestra privacidad. Ningún país, ninguna sociedad funciona sin un principio de orden.

Sostengo que la libertad entraña audacia, riesgo, creatividad, imaginación, retos y rupturas, pero también orden, sensatez, prudencia, responsabilidad y disciplina. Si bien los excesos del orden conducen a la esclavitud y a la opresión, los excesos de la libertad dirigen al desquiciamiento social y a la anarquía. Por ello pienso que hay que luchar contra la censura, pero también contra el fetiche de una censura equivocada.

88

Aun en los momentos más negros de la vida siempre hay veredas de crecimiento que se pueden aprovechar si hay inteligencia, creatividad, optimismo y capacidad de análisis.

Una fuente de inspiración en mi vida ha sido el cardenal François Xavier Nguyen Van Thuan. En su libro *Cinco panes y dos peces*, que regalé durante décadas, él narra los trece años de arresto y prisión que padeció a manos del régimen comunista de Vietnam, acusado de ser "cómplice de los imperialistas". Su relato es conmovedor. Al principio lo abatía el cautiverio en una celda minúscula, sin nadie que le dirigiera la palabra. Un día recordó a John Walsh, obispo misionero en China quien, cuando fue liberado después de doce años, dijo: "He pasado la mitad de mi vida esperando".

Van Thuan decidió que él no esperaría, mejor viviría el presente, sin importar que estuviera constreñido a cuatro paredes y sin libertad. Comenzó por buscar la manera de ganarse a sus celadores, les sonreía, intercambiaba palabras amables con ellos. Les platicaba de sus viajes al extranjero, de la vida en Estados Unidos, Canadá, Japón, Filipinas, Francia o Alemania. Los guardias, curiosos y animados, comenzaron a ser sus "alumnos". Todos acababan por ceder, por sucumbir a sus muestras de afecto.

Los dirigentes comunistas comenzaron a desesperarse. Cada dos semanas cambiaban a los carceleros arguyendo que Van Thuan tenía "el poder de contaminar a otros", pero él no cesó, continuó con la misma filosofía. Tildándolo de imposible, acabaron por dejarlo solo, tiempo que él aprovechó para escribir cartas y pensamientos que luego se convertirían en libros. Aun en las condiciones más críticas, él escogió ser libre, mantener la fe y despertar en otros la capacidad de amar.

89

Cuando yo necesitaba un aliado para alguna causa, siempre buscaba colegas que estuvieran ocupados, muy atareados. Quien ha logrado cumplir metas sabe organizarse con disciplina, trabajo, liderazgo y creatividad. Es gente que puede volver a emprender sin dificultad.

Pienso que quien está ocupado y es exitoso sabe encontrarle más de veinticuatro horas al día para asumir responsabilidades, imaginar terrenos de cultivo, plantear metas, consolidar propuestas, contagiar, trabajar y abonar el cambio.

Quien no logra nada en la vida, aunque tenga todas las horas del día, seguirá batallando para llevar su esfuerzo a buen puerto.

90

El éxito no lo coloca a uno en una cumbre, hay que temerle.

Siempre pensé que una empresa empieza a decaer cuando escribe su historia, cuando construye su edificio corporativo y cuando compra un avión. Como nosotros construimos un edificio corporativo y nos atrevimos a que se escribiera nuestra historia, me empeñé en no comprar el avión. Era un principio de recato, una forma de mantener los pies en la tierra.

Ahora los tiempos han cambiado, pero el principio de conciencia es el mismo. Ante el crecimiento de la empresa me preocupa perder el control. Temo sobre todo que las exigencias de desarrollo y rentabilidad se impongan sobre las políticas de personal y austeridad, medulares para alcanzar el sitio al que hemos llegado.

En términos personales, siempre he sido un eterno insatisfecho. Con temple de inconforme vivo mirándome en el espejo, buscando cómo mejorar y avanzar. Sin importarme lo que he alcanzado o la imagen de éxito que otros ven en mí, yo sigo magnificando mis defectos y minimizando las virtudes que me han permitido crecer. Sé que soy optimista, que he sabido motivar a otros y formar equipos para emprender, pero siempre tengo algo que me estorba, algo que quiero mejorar, algo que lamento y por lo cual debo disculparme. Cuando he vivido crisis, crisis severas, he llegado a sentirme capaz de claudicar, pero, afortunadamente, sigo adelante.

91

Sólo los inseguros van por la vida colgándose las medallas del trabajo de los otros.

Muy a menudo pienso que yo me he llevado injustamente los honores en la empresa y también en las obras sociales. La gente tiende a personalizar, a darme a mí el crédito, pero Bimbo no es de don Lorenzo. El trabajo de fondo lo hicieron otros, entregándose totalmente. Cientos y cientos de colaboradores para quienes sólo tengo gratitud y deuda.

Entre ellos, por supuesto, Roberto mi hermano, quien se entregó a la empresa desde adolescente, escalando todos los puestos hasta alcanzar la dirección general, y Jaime Jorba, mi primo y cuñado. Ellos, y tantos más, fueron de una lealtad tan absoluta que no tengo palabras para reconocer lo mucho que me dieron.

92

Como hijo de inmigrante, mi modelo fueron aquellos hombres que trabajaban lo doble y gastaban la mitad. Ése sigue siendo mi legado para mis descendientes porque no hay fortuna que sobreviva a hijos que sólo saben gastar y no aprenden a trabajar.

Thomas Alva Edison decía que en el trabajo y la creación hay que dedicar 99% del esfuerzo a la transpiración y sólo 1% a la inspiración. Por eso a mis hijos, a mis nietos y bisnietos les insisto: no hay que creerse el éxito, hay que seguir trabajando como si éste no existiera.

Sigo creyendo en este ejemplo, válido para todas las épocas porque no se puede salir adelante si no hay esfuerzo y sacrificio. Ése es mi eterno consejo.

93

Cuando converso con los jóvenes, inclusive con mis nietos, me doy cuenta de que piensan que el éxito es gratuito. Con la mesa puesta algunos no acaban de entender que sin trabajo y perseverancia, sin idealismo, austeridad y esfuerzo diario, no hay forma de llegar lejos.

Nuestra empresa la cuidamos como a un pequeño y me doy cuenta de que los jóvenes no alcanzan a entenderlo. Aunque trato de mantenerme lúcido e inquieto, algunos me acusan de ser anticuado, quizá lo soy, o me perciben como codo porque aún hoy, por principio, soy cuidadoso en los gastos y tengo conciencia ecológica: reciclo el papel y los sobres, apago siempre la luz, no desperdicio el agua al lavarme los dientes, ni gasto en lujos o excesos.

A mí nunca me ha costado trabajo ser exigente y austero. Así nos hicimos como hombres y como empresarios. No gozábamos de lujos y casi con lupa cuidábamos cada costo y cada gasto. Durante la primera década de Bimbo no repartimos ni un quinto de dividendos. Sentíamos un enorme compromiso por encauzar y consolidar lo que habíamos ya creado y sacábamos sólo lo indispensable: sueldo y gratificaciones. Nos conformábamos con una utilidad moderada y todo lo reinvertíamos con el fin de seguir creciendo en maquinaria, equipo, vehículos y nuevas plantas. Yo inicié la construcción de la casa en que vivo actualmente hasta 1955, diez años después del inicio de Bimbo, porque hasta ese momento comenzamos a repartir utilidades.

94

Pienso que el derroche, tan común en muchas familias, trae consigo el germen de la destrucción.

Una sociedad que permite que silenciosamente vayan minándose sus valores fundamentales, que permite que ciertas clases despilfarren y pierdan todo recato, necesariamente va despertando resentimientos que un día la destruirán.

Yo he sido excesivamente crítico con respecto al despilfarro, la falta de recato y los excesos que despiertan resentimientos. Repudiaba el derroche y la frivolidad, buscaba la templanza y la moderación en los gastos y en las diversiones. Esta idea de distanciarnos de las convenciones sociales le resultaba exagerada y poco realista a muchos de mis colegas.

También a la mayoría de mi familia. Sin embargo, yo me mantenía más o menos firme, y a mis hijos traté de educarlos con esa conciencia del mundo en el que vivimos, plagado de carencias y de hambre. Vivo convencido de que debemos impulsar un cambio más responsable de mentalidad, una transformación social positiva y duradera en este sentido.

95

Un hombre que no alcanza el amor de su familia y de sus amigos es un pobre hombre.

La familia y los amigos son lo más importante en la vida. Mi familia suma ya más de cien miembros y disfruto mucho de su compañía; también de la de los amigos, un tesoro del que uno se va convenciendo cada vez más, a medida que la vida va pasando.

A pesar de que Carmen ya no está, todos los lunes desde hace más de medio siglo se abre mi casa para que vengan a comer hijos, nietos y bisnietos. Cada una de mis hijas se ocupa de algo y todo pareciera seguir. Unas se encargan de la casa y las comidas, otras de los regalos, celebraciones y los viajes familiares, algunas más de la Fundación Sertull (por Servitje y Montull), un comité de ayuda social que presidía Carmen y que destina ayuda a más de 200 instituciones chicas, especialmente grupos religiosos que brindan educación, salud y desarrollo comunitario a gente pobre.

Carmen fue la figura central en nuestro hogar. Se dedicó en cuerpo y alma a cuidar de la familia y de nuestros hijos. Gracias a su esfuerzo, a pesar de las diferencias entre ellos, se mantienen unidos, se comprenden, se quieren, se toleran y se perdonan. Mantienen la fe religiosa y la alegría de vivir. Y ello me resulta muy alentador.

Tengo por costumbre no irme a la cama con pendientes. Si algo me comprometo a hacer, aunque sea minúsculo, lo anoto en una tarjetita que llevo en la bolsa de mi traje y ese mismo día intento cumplirlo.

Considero fundamental tener tiempo para trabajar y cumplir objetivos, horas para leer, hacer ejercicio y convivir con la familia y, aunque suene extraño, también horas para pensar.

Un hombre organizado es quien no deja pendientes, es puntual, se propone metas alcanzables y lleva registros precisos de lo que considera importante realizar.

97

Los diarios son muy importantes. Son espacios necesarios de reflexión y autocrítica.

Desde joven comencé a escribir ideas y pensamientos, una práctica que he mantenido a lo largo de la vida, un espacio personal que me ha servido para ventilar mis ideas conmigo mismo, para analizarlas con cierta distancia, reconocer errores y plantearme metas.

Pienso que, a mi partida, lo único valioso que dejaré en esta casa son esos diarios, mis conferencias y artículos, los álbumes de recuerdos donde he atesorado fotografías y documentos. Papeles que he guardado con celo y orden. Como los toreros, he ido guardando los recortes de mis faenas y quizá alguien, algún día, los consulte en el futuro. A final de cuentas, lo sé: todo ello es vanidad de vanidades.

Pienso que los papás,
antes de tener hijos,
deberíamos graduarnos
de papás. Igualmente,
antes de ser esposos,
deberíamos graduarnos de
novios. Los seres humanos
somos tan irresponsables que
en las tareas más importantes
de nuestras vidas somos
unos neófitos sin preparación.

Es un milagro que salgamos adelante como padres y esposos. En mi caso, lamento no haberles dado más tiempo a mis hijos, haberme creído la educación que yo recibí en cuanto a severidad y dureza, y haberla repetido con ellos. Les exigía orden, disciplina, cumplimiento estricto. Así aprendí yo, que la letra con sangre entra, que el que quiere a sus hijos tiene que castigarlos y, como papá, fui severo y arbitrario, especialmente con Lorenzo que llegó después de las seis hijas y hoy sé que tenía serios problemas de atención. A veces se me pasó la mano. Indudablemente me he arrepentido siempre, inclusive con la sensación de haber fallado.

Quizá lo que más lamento es que las muestras físicas de cariño no se me hayan dado. Así fui criado y es un error. Debemos aprender a dar y recibir muestras de afecto, a ser espontáneos, atrevernos a vencer el miedo al contacto físico. Yo insistía: los hombres saludan de mano. Ahora que ha muerto Carmen, a mis hijos e hijas, a mis nietos, les pido que me den besos, los besos que no alenté que me dieran cuando eran más pequeños.

99

Cuando Carmen murió sentí por vez primera que me derrumbaba, nos dejó desamparados. Entendí que quizá el sentido de la vida no es otro que llenar de amor nuestro breve espacio.

Quizá he idealizado a Carmen tras su muerte, pero nada me ha trastocado tanto como perderla. No logro superar su ausencia, lo lógico era que yo me fuera antes que ella. Mi vida fue un continuo ascenso, un fluir hacia adelante: lo planeado, lo pensado se materializaba con éxito. Cuando ella murió repentinamente, aquel 20 de febrero de 2002, padecí el primer fracaso verdaderamente importante de mi vida. Fue un golpe al orgullo y, por vez primera, sentí que me derrumbaba.

A lo largo de mis días siempre me atormentó la misma pregunta: ¿qué objeto tiene vivir? A menudo, hallaba respuestas en la fe en Cristo, y más de una vez estuve sumido en profundas crisis al no encontrar la respuesta.

Hoy, sin Carmen, mi esposa, el vacío total me permite responder. Nos parece ridículo hablar de amor, pero es lo único por lo que vale la pena vivir. Ni el poder ni la riqueza se comparan con la capacidad de querer y sentirse querido.

Hoy, cuando la soledad, el dolor y la culpa me abaten, veo lo mucho que pude haber hecho. No supe compartir con ella mis utopías con las que creí que podría cambiar al mundo, no supe dosificar mi tiempo, ni mis prioridades. Ella esperaba que le diera más tiempo, no compartía mi fervor cristiano, ni mi "ardor" por esas motivaciones con las que yo creía salvar almas o contribuir al bien de la patria. Me excedí, regresaba demasiado tarde a mi casa y era seco y ausente. Me arrepiento con enorme dolor.

Los esposos, en general, provenimos de mundos distintos, y cuesta mucho poder comprendernos. Lamento no haber compartido más, haber sido poco detallista, demasiado estricto en la austeridad y el rigor cristiano, lamento que me faltara espontaneidad y ternura. Debí haberla involucrado, hecho partícipe de mi mundo. A ella le molestaba mi poco interés por las diversiones y las comodidades, insistía en que viajáramos más a menudo, que disfrutáramos. Yo me resistía. Mi vida fue exageradamente rígida y austera. Sólo ahora, sin ella, me doy cuenta de los vacíos, de no haber sabido gozar la vida suficientemente.

Ahora la casa está vacía y los recuerdos son terribles. Lo bueno pasó y no volverá nunca más. Soy bastante fuerte, pero me doy cuenta de lo mucho que perdí. Por eso trato de compartir esta experiencia con mi gente cercana, con mis nietos y bisnietos, porque quisiera que cuiden mucho a sus parejas, que no cometan el mismo error.

Un bromista dice y ahora en la vejez yo lo adopto: "Sé siempre moderado, al peligro no te arrojes pero, si ya estás ensartado, ni te aflijas ni te aflojes".

La vida se me fue sin darme cuenta y, ante tanto rigor, me hizo falta descubrir la espontaneidad, el gozo de vivir y el sentido del humor. Cuando era joven le tenía miedo a la muerte, no quería dejar truncados los proyectos, pero ahora ya no. Después de la muerte de Carmen, la espero más o menos tranquilo.

A lo que sí temo, a medida que los años pasan, es a enterrar a alguno mis descendientes. No soportaría una sola pérdida. Temo, asimismo, llegar a ser "don Lorencito". Y no lo digo en broma. Cuando era niño, me decían Lorencito. De ahí pasé a Lorenzo. Siguió señor Lorenzo. Años después, don Lorenzo. Me aterra que llegue el momento en que quieran decirme don Lorencito.

El anciano, el chocho, vuelve dos veces a la infancia. Yo no quiero retornar. Prefiero seguir activo. A mis noventa y seis años no necesito ayuda para caminar, sólo para levantarme. La lucidez es dolorosa y proyecta largas sombras. Espero a la muerte sereno. Quiero volver a estar con Carmen, una gran mujer que nunca ha dejado de estar a mi lado.

Agradecimientos

Siempre a Moy, de quien me enamoré por sus valores, inteligencia e integridad y quien, a lo largo de la vida, sigue dando fe de su buen nombre como empresario, padre de familia, cómplice y compañero de vida.

A don Lorenzo, por su amistad, cercanía y confianza durante más de dos décadas.

A mis queridos hijos Salo y Pepe, jóvenes que emprenden el camino de los negocios, la motivación para estas rebanadas. Por supuesto también a mi adorada Raque.

A mis padres, José y Linda Cherem, siempre cercanos y a mi lado. También a mis suegros, Salomón y Raquel Shabot. A Adela, Dorit y Jony. A mis hermanos y a mis entrañables amigas porque soy feliz de tenerlos, de dar y recibir, de crecer y aprender a su lado y, especialmente, de gozar la vida en su compañía.

A Dana Gabriela Cuevas, solidaria y puntual. Y a mis amigos de Planeta: Gabriel Sandoval, Carmina Rufrancos, Daniel Mesino, Lizbeth Batta y Gabriela Moya, quienes imaginaron que sería yo capaz de conjuntar 100 rebanadas de sabiduría empresarial y, sin más, me pusieron a trabajar a contracorriente.